Paul Jakobi

Der Dom zu Minden

Zeuge des Glaubens

Mit Fotos von Ansgar Hoffmann

2. erweiterte Auflage 2005

ISBN 3-00-015541-4

Gesamtherstellung:
Bonifatius GmbH Druck · Buch · Verlag Paderborn

Inhalt

Zur Einführung

Vor 1200 Jahren wurde bei der Begegnung zwischen Karl dem Großen und Papst Leo III. 799 in Paderborn das Bistum Minden gegründet. Die Mitte des Bistums und der Stadt war und ist der Dom. Das heutige Gotteshaus reicht mit den romanischen Bauteilen bis ins 12., mit den frühgotischen bis ins 13. Jahrhundert zurück. Der Mindener Dom gilt in der Kunstgeschichte als die schönste Hallenkirche Deutschlands im 13. Jahrhundert; ihr gebührt nach Dehio die Palme.

Ein Jubiläum lenkt den Blick zu den Ursprüngen zurück. Bei einer solchen Rückschau in die Vergangenheit des Mindener Domes kann es nicht allein darum gehen, seine Baugeschichte zu rekonstruieren. Wichtiger ist es, den Geist aufzuspüren, aus dem heraus unsere Vorfahren dieses Gotteshaus gebaut haben. Der Geist baut die Steine, nicht umgekehrt. „Man sagt nichts Wesentliches über den Dom aus, wenn man nur von den Steinen spricht" (Antoine de Saint-Exupéry). Natürlich können auch Steine erzählen und Zeugen der Geschichte sein. Aber in den meisten Fällen verbinden sich mit den Steinen mehr äußerliche Fragen: Wann wurde der Dom gebaut? Wie hat er früher ausgesehen? Welche baugeschichtlichen Epochen sind heute noch erkennbar? Welche Steine wurden verwandt? Wie lang, wie hoch, wie breit ist er? Aus welcher Zeit stammt die Inneneinrichtung? In welcher Schule sind die einzelnen Kunstgegenstände entstanden? Sicher – alles bedeutsame Fragen. Aber wenn wir bei solchen Fragen stehenbleiben, degradieren wir die herrlichen Kathedralen zu Museen. Kein ansehnlicher Dom muß sich heute über zu geringe Besucherzahlen beklagen. Nachdem ein gewisser Wohlstand erreicht wurde, werden viele Menschen auch für die Kultur aufgeschlossener; der Museumstourismus fördert dieses Interesse. Vielleicht suchen die Menschen, an denen täglich eine riesige Bilderflut vorbeirauscht, nach dem einen Bild, an dem sie sich festmachen können. So entsteht eine säkulare Kunstreligion, die anthropologisch nicht unbedeutsam ist; Kunst wird zu einer Art Religions-

Östliches Maßwerkfenster an der Südseite (1270-1290)

ersatz. Das Transzendenzverlangen der Menschen läßt sie durchaus auch religiöse Bilder betrachten, ohne sie aber in ihrer Tiefe und in ihrer Glaubensaussage deuten zu können. Für viele erfüllen Kirchen ihren Sinn, wenn sie museale Charakter haben.

Das ist aber nicht der Geist, aus dem die Kirchen entstanden sind. Schon die Erbauer des Mindener Domes wußten, was Papst Johannes XXIII. 700 Jahre später sagen sollte: „Wir sind nicht auf der Erde, um ein Museum zu hüten, sondern um einen Garten zu pflegen, der vor Leben strotzt und für eine schöne Zukunft bestimmt ist."

Aus diesem Geist heraus ist auch das vorliegende Buch geschrieben. Es übersieht keineswegs den historischen Ansatz und die überragende künstlerische und technische Leistung. Die Bau- und Kunstgeschichte sind gewissermaßen der Nagel, an dem das Bild des Glaubens aufgehängt wird. „Pflege des Gartens" und „strotzendes Leben" können durch eine kunstgeschichtliche Betrachtung nicht erreicht werden; vielmehr ist der Geist der Erbauer zu erspüren, der in die Gegenwart zu übersetzen ist, um ihn für die Zukunft fruchtbar zu machen. Die in Minden geborene Dichterin Gertrud von Le Fort beschreibt eine solche Betrachtungsweise, die auch für Dome und Kunstgegenstände gilt, mit den Worten: „Nichts Irdisches ist ewig, aber alles Irdische kann Sinnbild des Ewigen werden. Alles Sichtbare ist nur die äußere Gestalt, in die sich ein Unsichtbares hüllt." Auf dieses Unsichtbare soll in diesem Buch immer wieder hingewiesen, es soll, weil die Menschen der Gegenwart weithin den Blick dafür verloren haben, wieder ans Tageslicht gefördert werden. Der Optimismus des Verfassers für das Verständnis und die Aufgeschlossenheit der Leser gründet in der Erkenntnis, daß wir alle von Gott etwas ahnen können, weil wir aus einer Entsprechung mit Gott leben dürfen. „Wär' nicht das Auge sonnenhaft, die Sonne könnt' es nicht erkennen" (Goethe). Auch die Begeisterung der Juden für ihren Tempel, die im Psalm ihren Ausdruck findet, könnte den Betrachter inspirieren:

Deine Wohnung muß man lieben,
du Herr der Heerscharen.
Ich sehne mich bis zur Erschöpfung
nach den Vorhöfen des Herrn.
Mein Geist und Leib
schreien nach dem lebendigen Gott
(Ps 84).

Mit dem Museumstourismus, in den auch die Gotteshäuser einbezogen sind, geht mehr und mehr die Ehrfurcht vor den heiligen Orten verloren. Viele Besucher wissen nicht mehr um die Besonderheit der Kirchengebäude, die dem säkularen Bereich entzogen und für den Dienst vor Gott bestimmt sind. Andrea Schwarz hat von den „heiligen Orten" geschrieben:

Es gibt „heilige Orte" für mich,
an denen ich spüre, hier ist etwas anders,
hier werde ich angerührt von dem ganz Anderen.
Manche Kirchen fallen mir dabei ein,
bedeutende und unbedeutende,
solche mit wertvollen Kunstschätzen
und solche, die eher schlicht sind,
Dorfkirchen und Dome, Kathedralen
und Kapellen.
Es sind Kirchen, in denen ich,
wenn ich sie betrete, weiß:
Hier kann ich beten,
hier ist mir dieser Gott ganz nahe.
Vielleicht ist es ein Ahnen davon,
daß an diesem Ort Menschen
mit Gott gerungen haben,
Gott und die Menschen hier
ein Stück Weg miteinander gegangen sind –
ich weiß es nicht.
Irgend etwas ist da, und ich spüre es.

Bei der Beschreibung des Mindener Domes ist zu bedenken, daß er ein Raum der Gottesverehrung, der Begegnung mit dem Ewigen ist. Die Liturgie, die hier gefeiert wird, setzt Symbolverständnis voraus. Darum wird so oft auf die Symbolträchtigkeit des Raumes und der einzelnen Bauteile und Kunstgegenstände hingewiesen. Die Liturgie lebt von Symbolen, die durchsichtig sind für Gott. Jeder, der in diesem Dom Gottesdienst mitfeiert, ist umgriffen von der weltweiten und zeitenüberspannenden Gemeinschaft der Kirche. Der Glaube der Erbauer und Vorfahren vermischt sich mit dem eigenen Glauben. Im Gottesdienst drücken wir aus, was auch unsere Vorgänger wußten und was Mose von Gott gesagt worden ist: „Der Ort, wo du stehst, ist heiliger Boden" (Ex 3,5). Hier spricht Gott zu uns! Hier müssen wir hören! Wenn wir Gott in der Liturgie verherrlichen, werden wir befreit von der Versuchung, auf uns selbst zu blicken oder irdische Güter zu Göttern zu erheben und sie zu verehren.

Der Verfasser dieses Buches hat den Versuch unternommen, den Dom zu Minden, der ein unübersehbarer „Zeuge des Glaubens" ist, aus der Sicht des Glaubens zu beschreiben. Mit diesem Versuch ver-

folgt er die Absicht, den Glauben der Menschen, die diesen Dom erleben, zu vertiefen und dadurch ihr Leben reicher zu machen. Er dankt dem Dombau-Verein Minden e.V. für die finanzielle Förderung dieser Veröffentlichung.
Die Fotos dieses Buches stammen von Ansgar Hoffmann, der die Zeugen des Glaubens aus dem Mindener Dom im Bild festgehalten hat. Herzlich danke ich ihm für die künstlerische Gestaltung dieser Veröffentlichung. Auch Norbert Hummel sei gedankt, der vier Fotos auf den Seiten 15 (links), 47 (unten), 101 und 102 zur Verfügung gestellt hat, sowie Gerd Vieler für die Luftaufnahme auf Seite 14 und Arnold Weigelt für die Aufnahme auf Seite 33.

Minden, Ostern 2005

Paul Jakobi
Propst am Dom zu Minden i. R.

Südseite des Domes

Liebe Besucher!

Wir begrüßen Sie in diesem Dom
mit seiner über 1000jährigen Geschichte.
Die Mystik des Raumes, das Zeremoniell der Steine,
die Fenster, Figuren und Altäre sind geschaffen,
um durch ihr Schweigen zu sprechen.
Sie sind eine Botschaft des Baumeisters,
des Bildhauers, unserer gläubigen Väter
und Mütter an uns.
Versprechen Sie sich nichts von diesem Dom,
wenn Sie ihn nur als Kunstwerk betrachten.
Hören Sie die Botschaft!
Sie war v o r den Künstlern,
ging durch ihr Herz, durch ihre Hände
und ist auch auf Sie gerichtet.
Hören Sie die Botschaft!
In allen Zerstörungen des Domes ist sie geblieben.
Sie hat die Kraft gegeben zu mehrmaligem Wiederaufbau.
Sie preist die Wunder Gottes – damals wie heute.
Stehen Sie in Ehrfurcht an diesem heiligen Ort,
an dem viele Menschen Gott begegneten
und Trost fanden in ihrer Not.
Wir wünschen Ihnen neue Hoffnung
aus diesem Besuch.

Die Domgemeinde

Ich bin ein Sucher eines Weges, der breiter ist als ich

Der heilige Raum

Jeder Mensch hat eine Lebensplanung, jeder hat ein Ziel, dem er zustrebt. Wir treten nie auf der Stelle; wie auf einer Wanderung sind wir immer unterwegs. Unser wachsendes Alter erinnert uns unerbittlich an die Schritte, die wir gehen und die beim Gehen selbst zum Weg werden. Vielleicht besteht die schlimmste menschliche Katastrophe darin, sein Ziel zu verfehlen. Die Gläubigen des Alten Bundes haben das als die Sünde überhaupt bezeichnet. Kein Weg ist vorgegeben; niemand kann sich einfach an den anderen anhängen. Jeder muß seinen eigenen Weg suchen und finden.

Der Dichter Günter Kunert fügt der Feststellung: „Ich bin ein Sucher eines Weges" noch eine kleine Ergänzung hinzu: „der breiter ist als ich". Was wollte er damit sagen?

Auf unserer Wegsuche treffen wir auf Menschen, Ereignisse, Schicksale und Erfahrungen, die uns nicht unberührt lassen. Sie tragen dazu bei, einen Weg zu finden, „der breiter ist als ich". Auch Kirchen gehören dazu; sie stehen überall am Wege und laden uns ein einzutreten. Wer so in unseren Dom gelangt, der wird plötzlich von einer anderen Welt umfangen. Er erfährt, daß es nicht nur ihn gibt, nicht nur seinen Beruf, seine Freizeiterlebnisse oder auch seine Familie, sondern einen Raum, der ihn vor ganz neue Fragen stellt. Aus welchen Gründen haben unsere Vorfahren dieses einmalige Bauwerk geschaffen? Woher nahmen sie die Kraft dazu? Haben die Menschen vor 700 bis 900 Jahren auch schon empfunden, daß der Mensch „mehr" ist als biologische Funktionen? Hat ihnen damals auch schon alles auf dieser Erde nicht genügt, um glücklich zu werden? Haben sie – wie der Dichter – etwas gesucht, das „breiter" ist als sie selbst, weil sie von den Straßen dieser Welt enttäuscht waren?

Wer solchen Fragen und Empfindungen nachgeht, wird ein neues Verhält-

nis zum Kirchenraum, speziell auch für unseren Dom, entwickeln. Voller Ehrfurcht und tief beeindruckt, tritt er in den heiligen Raum ein.

Wie lieblich sind die Wohnungen,
die du uns zubereitest,
wie herrlich die Belohnungen,
zu denen du uns leitest:
es kommt kein Leid
in Ewigkeit,
kein Trübsal, Krieg, noch Angst, noch Trauern
in jene hochgeführten Mauern.
Angelus Silesius

Dem Dichter geht es nicht um eine Zustandsbeschreibung der Welt, sondern um eine Verheißung. Der Dom ist ein Bild für das himmlische Jerusalem, das Ziel aller Menschen. Die hochgeführten Mauern wollen den gebeugten Menschen aufrichten und ihm seine ewige Heimat vor Augen führen. „Wenn ein Fundament in die Erde gebaut ist und die Mauern darauf errichtet sind, drückt ihre Last nach unten zum Fundament. Wenn aber unser Fundament im Himmel gelegt ist, werden wir himmelaufwärts gebaut" (Augustinus).
Allmählich wachsen auch Beziehungen zu denen, die vor uns gelebt haben, aber auch zu denen, die heute den Dom betreten und mit denen wir im Glauben unterwegs sind. Vor allem wird Gott eine neue Wirklichkeit, die unseren Weg ins Unermeßliche verbreitert und uns sagt, welches unsere letzte Bestimmung ist. Das Haus aus Stein mit seinen vielen Kunstgegenständen ist zum Bild und Gleichnis des Unsichtbaren geworden, zur Versinnlichung religiöser Wahrheiten und Geheimnisse, die für uns unerreichbar sind. Diese mittelalterliche Symbolik wird uns helfen, „breitere" Wege zu finden, die uns eine Ahnung von der Größe und Unsterblichkeit der Menschen vermitteln. Kein Sucher eines breiteren Weges kann an der Kirche vorbeigehen.

Die prägende Mitte der Stadt

Steinen muß man mit Ehrfurcht begegnen; sie haben in ihrer langen Geschichte viel erlebt. Wer vor dem Dom steht und hinaufschaut, ist nicht nur von der Größe und der Erdverbundenheit des gewaltigen Bauwerks beeindruckt, sondern auch von den vielen Steinen, die aufeinandergeschichtet wurden und so dieser herrlichen Kirche ihr Gesicht geben. Als unsere Vorfahren mit dem Dombau begonnen haben, brauchten sie Steine aus der Nähe, um die Transportkosten niedrig zu halten. Die Steine mußten aber auch aus einem Material sein, das das Gewicht des Domes tragen und jahrhundertelange Beständigkeit garantieren konnte.

Die Baumeister stießen auf zwei Steinarten, die beide am Dom verwandt wurden. Die eine war der benachbarte Portasandstein, der eine dunkelbraune Farbe aufweist und etwas grobkörnig ist. Der andere war der Obernkirchener Sandstein, der härter und feiner ist als der erste; dieser Stein fällt durch seine Helligkeit auf. Beide Steine sind etwa 150 Mill. Jahre alt. Sie haben sich aus Sandkörnern gebildet, die im Laufe der Jahrmillionen von dem Gewicht der darüber liegenden Ablagerungen

Bronzemodell der Mindener Domimmunität (1998)

Luftaufnahme auf den Dom und die Stadt

Bischof Erkanbert aus dem Bronzemodell

Mauerwerk mit Konsolfigur (13. Jh.)

gepreßt und durch Wasserzugänge zementiert wurden. So entstanden der feste Portasandstein und der witterungsbeständige Obernkirchener Sandstein; beide waren für den Bau unseres Mindener Domes hervorragend geeignet.

Als Jesus in Jerusalem einzog und von den Pharisäern aufgefordert wurde, seine Jünger zum Schweigen zu bringen, erwiderte er: „Wenn sie schweigen, werden die Steine schreien" (Lk 19,40). Ähnliches könnte über unseren Dom gesagt werden: Wenn aus irgendeinem Grunde in ihm die Frohe Botschaft nicht mehr verkündigt wird, wenn die Menschen nicht mehr von Gott sprechen, wenn die Geheimnisse Gottes vom Schweigen umhüllt werden, dann werden die Steine reden. Sie wissen etwas vom Geheimnis der Schöpfung; sie kennen alles, was sich im Laufe der Jahrhunderte in diesem Dom abgespielt hat. Sie haben Glauben, Gottesdienste, Gebete und Feste der Gemeinde miterlebt, aber auch Zweifel und Niedergänge. Die Steine könnten von Bränden, Kriegen, Zerstörungen und Bomben erzählen, denen sie ausgesetzt waren.

Wichtiger als die Steine aus Sand sind die Steine aus Fleisch und Blut. „Laßt euch als lebendige Steine zu einem geistigen Haus aufbauen" (1 Petr 2,4). Immer waren die Steine Symbol für die Menschen, die als Glieder der Gemeinde den Gesamtbau der Kirche tragen. Unter Mithilfe des Bindemittels der Liebe wird Stein auf Stein zum großen Bau des Gottesreiches geschichtet, in dem einer den anderen trägt. Dabei ist es nicht entscheidend, wo der Christ seinen Einsatz findet, ob im Vorder- oder Hintergrund, ob im Fundament, im Mauerwerk, in einer Säule oder im Gewölbe. Jeder soll nur den anderen in geschwisterlicher Liebe und Eintracht stützen. Damit die Kirche fest steht, wurde ihr in einem Grund- oder Eckstein ein unumstößliches Fundament gelegt. „Seht her, ich lege in Zion einen auserwählten Stein, einen Eckstein, den ich in Ehren halte; wer an ihn glaubt, der geht nicht zugrunde" (1 Petr 2,6).

Der Dom ist ein unübersehbares Zeichen für die Menschen, die Mitte unserer Stadt und das älteste Zeugnis des Glaubens im ganzen Land. Das Bronzemodell der Mindener Domimmunität (Egbert Broerken, Soest), das der Dombauverein der Stadt Minden zu ihrem 1200jährigen Jubiläum 1998 geschenkt hat, zeigt sehr anschaulich den zentralen Ort der Bischofskirche, an die sich die umliegenden Häuser anschmiegen, als ob sie in der Nähe des Domes Schutz suchen wollten. Von dieser Mitte aus wurde die Stadt konzipiert, von hierher erfuhr sie ihre christliche und kulturelle Prägung. Bis in unsere Zeit hat der Dom seine Position als Mittelpunkt der Stadt behauptet. So stehen wir auch heute noch voller Bewunderung vor den Steinen dieses Gotteshauses.

Nur der Glaube kann einen Dom bauen

Relief im Paradies mit der Baugeschichte des Domes

Wer das Paradiesportal des Mindener Domes betritt, sieht an der Südseite ein Relief aus Stein (Theodor Henke), das einen Einblick in die Baugeschichte dieser Kirche gibt. Grundsätzlich ist zu fragen, ob die Christen überhaupt Kirchen bauen sollten, nachdem Jesus zu einem einfachen Leben gemahnt hatte. Sollte das Christentum nicht mehr Wert auf die „Religion des Geistes“ als auf die „Religion der Steine“ (Ratzinger) legen?

Jesus selbst hat den Tempel aus Stein geliebt und ihn häufig besucht. Für ihn war er eine Stätte der Versammlung, der Verkündigung und des Gebetes. Alle drei Funktionen hat auch das Christentum für seine Kirchen übernommen. Nur die Gebetsrichtung hat sich geändert; der Jude betet in Richtung Jerusalem, der Christ betet, nach Osten gewandt, in die aufgehende Sonne des auferstandenen und wiederkommenden Herrn.

Kurz nach der Gründung des Bistums Minden durch Papst Leo III. und Karl den Großen im Jahre 799 in Paderborn wurde an dieser Stelle in Minden eine Kirche gebaut. Wie das Relief zeigt, war der

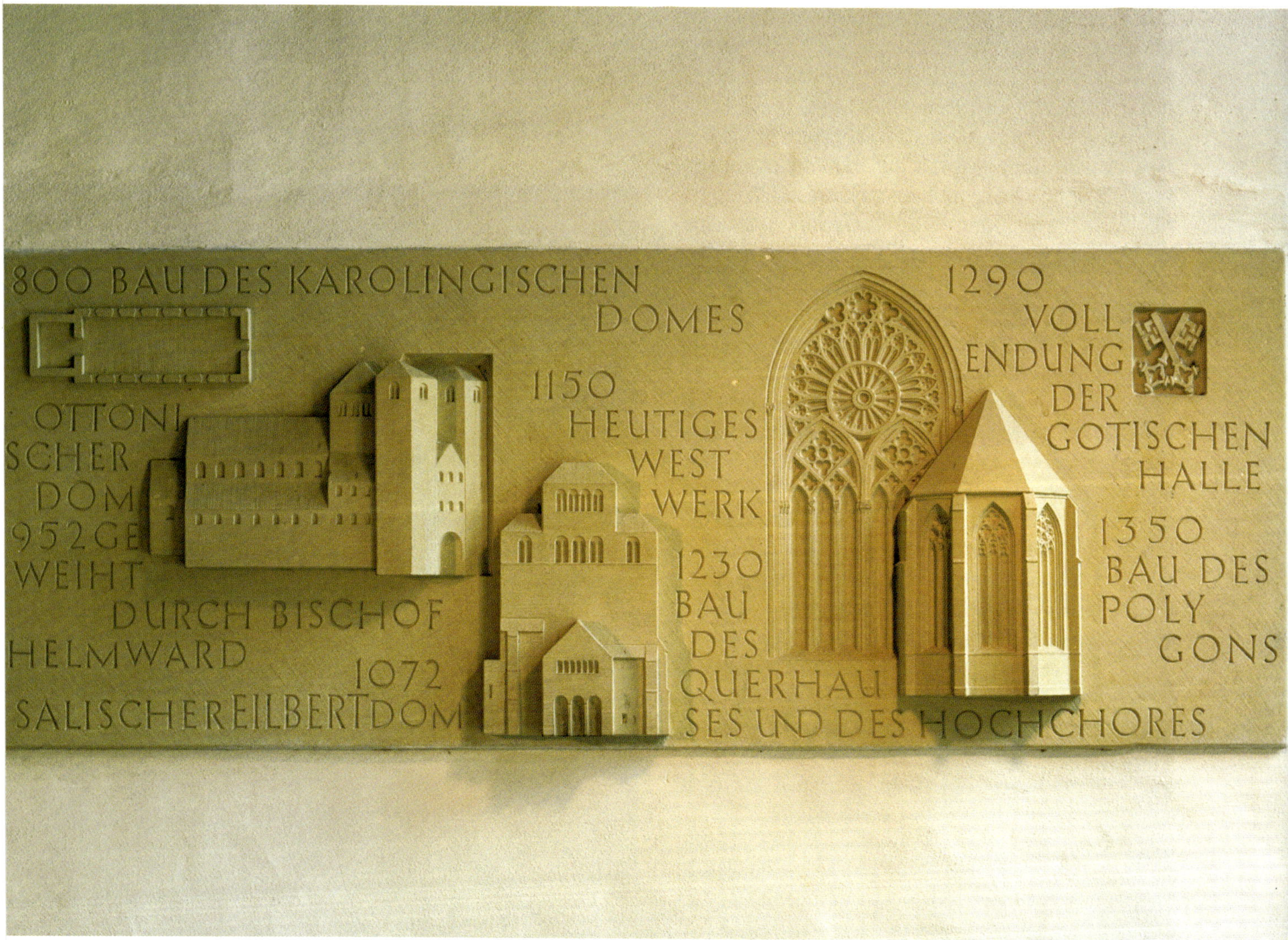

Baugeschichte des Domes im Paradies (1957)

Plattenmosaikboden (1071)

Südostwinkel des Domes

karolingische Bau eine Saalkirche – mit flacher Decke und ohne Turm. Dieser erste Dom, der im Vergleich zur heutigen Kirche etwa den Vierungsraum und zwei Joche umfaßte, wurde im Jahre 947 durch Brand zerstört.

Schon einige Jahre später wurde in erstaunlich kurzer Bauzeit eine neue romanische Basilika mit dreitürmigem Westwerk ohne Querhaus als ottonischer Dom von Bischof Helmward 952 geweiht. Diese Kirche fiel 1062 wiederum den Flammen zum Opfer, gerade als Kaiser Heinrich IV. in Minden weilte.

Zehn Jahre danach wurde der neuerrichtete Dom von Bischof Eilbert im Jahre 1072 geweiht. Das basilikale Langhaus und das Westwerk wurden übernommen. Hinzu kam ein romanisches Querhaus mit einem angefügten oktogonalen Chor, Sakristeiflügel und einer eingeschossigen Vorhalle vor dem Westwerk. Das berühmte Mindener Kreuz fällt in diese Zeit (1070).

Etwa seit 1150 hat das Westwerk die heutige Gestalt. Der mittlere Turm wurde abgetragen, der Riegel zwischen den beiden Türmen als Glockenturm hochgezogen und die Vorhalle um ein Geschoß erhöht.

In der nächsten Bauphase (1230-1250) wurde das Querhaus zu drei Jochen erweitert und ein rheinisch geprägtes Chorquadrum mit einem spätromanischen dekagonalen Chorabschluß dem Vierungsbereich vorgesetzt. Der Plan, vom Osten nach Westen ein neues, spätromanisches Langhaus zu bauen, wurde durch das Vordringen der aus Frankreich kommenden gotischen Bauformen in einem dramatischen Planwechsel aufgegeben. Es entstand die heutige dreischiffige westfälische Hallenkirche im frühgotischen Stil (1267-1290) mit dem Fresko und dem Apostelfries (Lettner). Das Westwerk wurde – aus welchen Gründen auch immer – nicht abgerissen. Das vierte Schmaljoch läßt auf den Plan einer vierjochigen Halle mit einem gotischen Turm schließen.

Wegen der Einsturzgefahr der spätromanischen Chorapsis wurde um 1350 ein neuer, spätgotischer Chorabschluß mit fünf Seiten eines Oktogons gebaut. Außerdem wurde das große Maßwerkfenster im südlichen Querschiff eingefügt.

Am 28. März 1945 wurde der Dom durch Bomben zerstört. Eine beispiellose Aufbauleistung unter Leitung von Werner March, Propst Parensen und Hans Gelderblom führte zur Wiederherstellung der Hallenkirche und zur Weihe des Domes 1957 durch Erzbischof Lorenz Jaeger (Paderborn).

Mit Steinen allein ist ein Dom nicht zu bauen; Geist und Glauben sind es, die den Steinen Leben geben.

Der „Grundriß“ des Domes

Die Kreuzesanlage mit Vierung

Wer vom Paradiesportal aus den Dom betritt und durch den Mittelgang langsam nach vorn geht, wird plötzlich von einem Querweg gestört. Das Langhaus und das Querhaus kreuzen sich. Bei genauerer Beobachtung entdecken wir, daß der Dom auf dem „Grundriß“ eines Kreuzes steht, der durch die Aufstellung der Bänke noch unterstrichen wird. Die mittelalterlichen Baumeister haben diese Struktur absichtlich gewählt. Der Dom ist wie die meisten Kirchen geostet; denn aus dem Osten kommt das Licht. Bei genauer Überprüfung der West-Ost-Richtung ist allerdings festzustellen, dass die Achse um 14° nach Norden abweicht. Diese Richtung zeigt exakt nach Fulda, woher der erste Bischof von Minden Erkanbert 803 gekommen war. Er war dort Mönch im Benediktinerkloster, bevor er Bischof wurde.

Unser Leben, durch die Längsachse des Domes symbolisiert, kann lange Zeit glatt und problemlos verlaufen. Plötzlich aber wird unser Weg von einem anderen gekreuzt. Es entsteht ein Kreuz, das uns sehr belasten kann. Wie sollen wir reagieren? Sollen wir ausweichen? Sollen wir umkehren? Jesus sagt: „Wer mein Jünger sein will, … der nehme sein Kreuz auf sich und folge mir nach“ (Mt 16,24). Der Querweg, der im Dom durch das Querhaus vorgebildet ist, wird zur gewaltigen Herausforderung unseres Lebens. Wir empfinden diese Störung wie Steine, die uns in den Weg gerollt werden. „Auch aus Steinen, die in den Weg gelegt werden, kann man Schönes bauen“ (Goethe).

Tatsächlich fällt uns im Dom auf, daß gerade in dem Schnittpunkt von Längs- und Querachse ein herrlicher Raum, die Vierung, entstanden ist. Sie ist gewissermaßen das Herz des Domes und so beherrschend, daß der Altar, auf dem das Opfer Jesu Christi gefeiert wird, genau in diese Mitte gestellt wurde. Über ihm senkt sich vom Himmel herab ein Baldachin, der von vier starken Pfeilern getragen wird.

Der wuchtige Altar ist ein Quader-

Vierungsaltar (1972)

Bronzegitter mit Bischofswappen (1994)

block aus Sandstein, an den vier Seiten mit Teppichmuster geschmückt, jeweils von zwei Vertikalbändern durchzogen (Elmar Hillebrand, 1972). Er steht über einem alten heidnischen Brunnenheiligtum. Nach Osten findet der Vierungsbereich seinen Abschluß durch den Priestersitz und ein Bronzegitter mit dem Mindener Bistumswappen (E. Hillebrand, 1995). Leider ist der Vierungsturm, der in der romanischen, gotischen und Barockzeit zur Auszeichnung des Sanctuariums und als Mitte der Stadt immer vorhanden war, noch nicht wieder aufgebaut worden. Städtebaulich ist er ein Wahrzeichen, theologisch erinnert er die Bewohner der Stadt an die Menschwerdung Gottes und das Geheimnis seiner Gegenwart in der Eucharistie.
Das Kreuz – so belehrt uns der „Grundriß" des Domes –, das jeder Mensch zu tragen hat, kann zwar riesige Last sein und uns viel zu schaffen machen; es will aber nicht den Menschen zerstören oder unterdrücken, sondern ihn zu größerer Reife führen und in die Nachfolge Jesu rufen. Diese Gegensätzlichkeit, die die Welt nicht versteht, verbirgt sich hinter dem Wort Jesu: „Wer sein Leben retten will, wird es verlieren; wer aber sein Leben um meinetwillen verliert, wird es gewinnen" (Mt 16,25). Immer wenn wir im Dom auf den Vierungsaltar zugehen, möchte er uns an das Sterben und Auferstehen erinnern.

Meßgewand von Erentrud Trost OSB:
Petrus und Gorgonius

Ich bin die Tür

Paradiesportal mit Löwenköpfen

Wer über den Kleinen Domhof geht und auf das Westwerk schaut, wird von drei großen Toren in den Dom eingeladen. Hat der Besucher sie durchschritten, sieht er ein zweites, kleines Tor vor sich, das von unüberbietbarer Schlichtheit ist (952). Dieses einfache romanische Portal, das noch keine Stufen, Säulen oder Figuren entwickelt hat, mahnt den Besucher, beim Betreten des Domes sich des dahinter liegenden Geheimnisses bewußt zu sein. Die Tür ist so klein, daß alle einzeln eintreten müssen. Während das dreitürige Außenportal sagt: Stimm dich ein!, mahnt dieses Portal: Jetzt betrittst du das Heiligtum Gottes. Es kommt ganz auf dich an.

Über dem Türsturz ist der romanische Bogen – eine architektonische Notwendigkeit der Baukunst des

Hl. Petrus (1300)

Romanisches Westportal (952)

frühen Mittelalters, um den gewaltigen Druck des darüber liegenden Mauerwerks abzufangen. Natürlich erinnert dieser Bogen auch an den Bund, den Gott mit seinem Volk Israel geschlossen und den er dem Noah im Regenbogen (Gen 9,13) bildhaft vor Augen geführt hat.

In diesem Bogenfeld – Tympanon genannt – steht eine Heiligenfigur. An vielen romanischen und gotischen Kirchen ist das Tympanon reich gestaltet, oft mit Christus als Weltenrichter. Häufig wurde aber auch eine Marienfigur oder der Patron der Kirche – wie bei uns – dargestellt. Der hl. Petrus (1300) schaut auf die Besucher des Domes herab. Der Schlüssel in der Hand weist auf das Wort Jesu hin: „Ich werde dir die Schlüssel des Himmelreiches geben" (Mt 16,18f.). Der hl. Petrus bindet und löst, er öffnet und verschließt die Kirche. Darum steht er bei uns am Eingang des Domes. Er erinnert die Menschen, daß sie durch die Lehre der Apostel zum Glauben und durch den Glauben zu Gott kommen sollen. Das Wort Portal kommt von dem lateinischen portare – tragen: Wir werden vom Glauben der Kirche getragen.

Löwenkopf, Türzieher (Original in der Schatzkammer, 1220-1230)

Das Portal ist auch deshalb so klein, weil es alles Böse aus dem Dom fernhalten soll. Zur Verstärkung dieses Anliegens sind zwei Löwenköpfe angebracht. Da die mittelalterlichen Symbole mehrdeutig sind, müssen sie immer aus dem Zusammenhang erklärt werden. Der Löwe kann Ausdruck des Bösen sein – „Der Teufel geht wie ein brüllender Löwe umher und sucht, wen er verschlingen kann" (1 Petr 5,8) – oder auch Zeichen der Stärke. Der alttestamentliche Stamm Juda wurde mit einem jungen Löwen verglichen (Gen 49,9).

Ursprünglich waren die Löwenköpfe als Türzieher am Nordportal des Domes angebracht; heute befinden sie sich in der Schatzkammer, während am Haupteingang Kopien sind. Die Löwen mit ihrem mächtigen Schädel und ihrer majestätischen Mähne, deren Enden bis in die ornamentale Umrandung reichen, trugen in ihrem Maul einen Ring, mit dem man sich Einlaß verschaffen konnte. Da der Bischof über eigene Rechtsvollmacht verfügte, konnten Verfolgte im Mittelalter bei ihm Schutz und Asyl finden, wenn sie nur die Ringe in Händen hielten. Die beiden Löwenköpfe, die von mythologischen Gestalten, von löwen- und drachenartigen Fabelwesen mit Flügeln, umgeben sind, wurden aus Bronze gegossen und sind wahrscheinlich um 1220-1230 von einem Mindener Handwerker gefertigt.

Durch wie viele Türen sind wir schon in unserem Leben gegangen – freudig, angsterfüllt, traurig, voller Erwartung. Wer dieses Domportal durchschreitet, darf das Wort Jesu hören: „Ich bin die Tür; wer durch mich hineingeht, wird gerettet werden" (Joh 10,9). Dieses Wort funktioniert nicht automatisch wie ein Behinderteneingang, sondern ist eine Verheißung für den, der an das Geheimnis dieses Gotteshauses glaubt.

Der heilige Petrus – Patron des Domes

In der Anfangszeit des Bistums Minden war der heilige Petrus der Garant des Glaubens. Nur ein großer Heiliger konnte die Bekehrung der Sachsen bewirken. Darum ist es durchaus möglich, dass Papst Leo III. bei seiner Begegnung mit Karl dem Großen 799 in Paderborn auch Reliquien des heiligen Petrus aus Rom mitgebracht hat. Für die Gründung einer neuen Kirche in Minden war der Heilige wichtig, dem das Wort Jesu galt: „Du bist Petrus, und auf diesen Felsen werde ich meine Kirche bauen" (Mt 16,18). Die besondere Beziehung zwischen dem ersten Papst Petrus und seinem späteren Nachfolger Leo III. ist auf einem Mosaik im Speisesaal des Lateran in Rom festgehalten, auf dem Petrus dem Papst Leo III. um 800 das Pallium überreicht. Bis ins 12. Jahrhundert waren die meisten Bischofskirchen dem heiligen Petrus geweiht.

Aufgrund des Jesuswortes „Ich werde dir die Schlüssel des Himmelreiches geben" (Mt 16,19) erhält Petrus als einziger Apostel in der frühchristlichen Kunst ein individuelles Attribut: die Schlüssel. Auch im Mindener Dom ist er mehrfach mit diesem Symbol dargestellt: Sofort am Eingang des Domes empfängt eine mittelalterliche Petrusfigur (1300) die Besucher der Kirche. Ferner begegnet uns der Dompatron mit Schlüssel auf dem Gert van Loon - Bild, im Apostelfries, neben dem ersten Patron Gorgonius im Fresko, im Matthiasaltar und in der Goldenen Tafel.

Von größter Kostbarkeit ist in der Schatzkammer

Petrischrein, Domschatzkammer (1070)

der restaurierte Petrischrein (1070). Wahrscheinlich handelt es sich um ein Geschenk des Bischofs Rudolf von Schleswig an Bischof Eilbert anlässlich der Domweihe im Jahre 1072. Auf der Hauptseite ist das Martyrium des heiligen Petrus dargestellt. Seinem Wunsche entsprechend wollte er – anders als sein Herr – mit dem Kopf nach unten gekreuzigt werden. Über der Kreuzigung des Petrus ist – ebenfalls als Relief in Gold getrieben – die Ausgießung des Heiligen Geistes mit den 12 Aposteln dargestellt. Die Taube des Heiligen Geistes befindet sich nicht über den Aposteln, sondern zwischen ihnen; sie ist auf die Kreuzigung des Petrus ausgerichtet. Diese Darstellung ist einmalig in der Kunstgeschichte. Sie beschreibt den Anfang und das Ende seiner missionarischen Tätigkeit. Ein Besuch in der Domschatzkammer wird auch wegen dieses wertvollen, kunsthistorisch bedeutsamen Exponates empfohlen.

Der heilige Petrus gilt von Anfang an als Säule der Kirche. Weil er in jede Zeit neu hineinspricht, ist er nach einem Wort von Walter Nigg ein Mensch mit einer Antwort. Wir sollten Heilige nie kopieren, sondern „die leuchtenden Bilder der Heiligen einüben" (M. Luther). Sie führen uns zu Christus.

Hl. Petrus in der Goldenen Tafel (2002)

Hl. Petrus an einem Speisekelch, Domschatzkammer (13. Jahrh.)

Eine königliche Halle

Schönste frühgotische Hallenkirche des 13. Jahrhunderts

Wer das romanische Westwerk durchschritten und die Tür mit den Löwenköpfen geöffnet hat, befindet sich plötzlich in einem unbeschreiblich schönen Raum, den er so gar nicht vermuten konnte. Diese mit Licht durchflutete Halle ist voller Harmonie und von einer bestimmenden Klarheit. Alle Maße der Länge, Höhe und Breite des Domes sind aufeinander abgestimmt; der auf den Altar gezogene Blick wird durch keine Figuren, Bilder, Altäre oder Kanzel an den Säulen abgelenkt; durch die großen Maßwerkfenster an der Nord- und Südseite dringt das Licht. So entsteht eine königliche Halle, die in der frühen Gotik (1267-1290) erbaut wurde und bei den Kunsthistorikern als die reifste Frucht aller deutschen Hallenkirchen des 13. Jahrhunderts gilt. Mit dieser Form des Kirchbaus, die von byzantinischen Baumeistern entwickelt wurde und ihren ersten Niederschlag in der Bartholomäuskapelle in Paderborn (1017) gefunden hat, entsteht vornehmlich in Westfalen ein neues Zeitalter der Baukunst. Durch die gleiche Höhe von Haupt- und Seitenschiffen wird der geschlossene, bergende, alles

Innenansicht nach Osten

Schlußstein, Blattmaske (um 1280)

umfassende Raum gebildet. Alle Besucher des Domes sind von dieser Halle, der die farbigen Fenster einen mystischen Glanz verleihen, aufs stärkste beeindruckt. „Der Paderborner Dom ist der prächtigste, der Münsteraner der mächtigste, der Mindener der andächtigste", hat die in Minden geborene Dichterin Gertrud von Le Fort gesagt. In diesem königlichen Dom kann die Gemeinde wie kaum in einem anderen beten und Gottesdienst feiern; hier spürt der Gläubige, daß der König Christus mitten in seinem Volke lebt.

Die Hochgotik, deren Symbol der Kölner Dom oder eine ähnliche Kathedrale sein könnte, ist von der „Maßlosigkeit" bestimmt. Die filigrane Architektur strebt in die Höhe, um den Blick zum Himmel zu ziehen. Der Mindener Dom verzichtet auf diese „Maßlosigkeit"; seine Faszination gründet in der gebändigten Kraft. „In der Beschränkung zeigt sich erst der Meister." Die westfälische Hallenkirche will ihre eigenen Akzente setzen: Der Altarraum verschmilzt mit dem Gemeinderaum, so daß Priester und Laien eine Einheit bilden; die Entfernung vom Boden zu den Kapitellen ist genauso groß wie von den Kapitellen bis zum Scheitel der Gewölbe; die Gewölbe sind nicht in den Himmel entrückt, sondern kommen wie Tabernakel in den Raum hinab; das Mittelschiff gibt seine dominierende Stellung zugunsten der Seitenschiffe auf; das Gewölbe wird von kräftigen, aber dennoch schlanken Rundpfeilern, die mit vier starken und vier schwachen Diensten umgeben sind, getragen; die Umfassungsmauern, die nicht von schweren romanischen Wänden an den beiden Seiten des Hauptschiffes verdeckt sind, vollenden die Integration der drei Kirchenschiffe und lassen das Licht durch die kunstvoll gestalteten Fenster in den Raum dringen.

So entsteht ein Zentralraum, der unserem heutigen, demokratisch bestimmten Gesellschaftsbild auch in der Gemeindestruktur entspricht. Die Glaubenden möchten sich in der „aula dei", in der Halle Gottes, als sein Volk treffen. „Nur einer ist euer Meister, ihr alle aber seid Schwestern und Brüder" (Mt 23,8). Dieses Jesuswort ist in der königlichen Halle des Mindener Domes, in der von ihrer Entstehung bis heute Sonntag für Sonntag die hl. Eucharistie gefeiert wurde, Wirklichkeit geworden.

Aus dem Osten kommt das Licht

Hochgotisches Polygon

Fast alle christlichen Kirchen sind geostet. Im Osten geht die Sonne auf; im Osten ist Jesus Christus auferstanden. Ex oriente lux – aus dem Osten kommt das Licht. Unser häufig gebrauchtes Wort „Orientierung" hängt mit dem „Orient" zusammen. Das ist der Ort der Wegweisung für unser Leben.
In den mittelalterlichen Kirchen wurde deshalb die Ostseite besonders aufwendig gestaltet. Während der westliche Teil vom weltlichen Herrscher in Anspruch genommen wurde, war im Osten der Ort des Sacerdotiums, des Priestertums, des Altares und der Heiligkeit. Dazwischen im Langhaus versammelte sich das Gottesvolk. Nach mittelalterlicher Auffassung hat Gott das Paradies im Osten gepflanzt. Wenn die Christen in diese Himmelsrichtung beten, suchen sie ihre verlorene Heimat. Von dort erwarten sie aber auch die Wiederkunft des Herrn. „Wie der Blitz bis zum Westen hin leuchtet, wenn er im Osten aufflammt, so wird es bei der Ankunft des Menschensohnes sein" (Mt 24,27). Auch die Gräber der Verstorbenen sind geostet, weil von dort Heil und Auferstehung kommen.
Der Mindener Dom, der immer auch an seiner Ostseite anspruchsvoll gestaltet war, war im Laufe seiner Geschichte gerade an dieser Stelle durch das Wasser der Weser und den sandigen Baugrund gefährdet. So ist leicht zu verstehen, daß die wunderschöne spätromanische Apsis, deren Anlage wir uns anhand des spätromanischen Chorjochs gut vorstellen können, weggebrochen ist. Aus diesem Grunde ist 100 Jahre später das hochgotische Oktogon (1350) gebaut worden, von dem fünf Seiten den Dom im Osten abschließen. Ein Oktogon hat acht Seiten (octo = acht). Wer sich in die Mitte der Apsis stellt und sich dieses Oktogon geschlossen denkt, der bekommt einen Eindruck von der unbeschreiblichen licht- und schmuckvollen Anlage eines solchen Raumes.
Die mittelalterlichen Baumeister haben in ihren Werken stets theologisch gedacht, auch bei der Erstellung eines Oktogons in der Apsis. Der achte Tag war der Tag der Auferstehung; ihm ging der Sabbat voraus, der siebte Tag der Woche. Alle vier Evangelisten weisen in ihren Auferstehungsberichten darauf hin. „Als der Sabbat vorüber war, kauften Maria aus Magdala, Maria, die Mutter des Jakobus und Salome wohlriechende Öle, um damit zum Grab zu gehen und Jesus zu salben. Am ersten Tag der Woche kamen sie in aller Frühe zum Grab, als eben die Sonne aufging" (Mk 16,1f.). Weil der achte Tag auch der erste ist, wurde im Fenster des Domes der auferstandene Christus in der Mitte der Apsis dargestellt.
Die Bibel sieht in der Zahl Acht immer einen Neuanfang mit dem Ziel des Unzerstörbaren und Ewigen. So durften bei der Sintflut acht Menschen die Arche Noah betreten (Gen 6,9-18); Isai hatte acht Söhne; am achten Tag ließen die Juden ihre Kinder – auch Jesus – beschneiden, acht Seligpreisungen waren das Eingangstor zum Reiche Gottes. Die Christen beginnen die Woche mit dem achten Tag, dem Sonntag, dem Tag nach dem Sabbat. Und sie erwarten auch die Wiederkunft Jesu Christi am „jüngsten" Tag; das ist der erste Tag der Ewigkeit. Hier geht die Geschichte der Welt über in die Herrlichkeit Gottes.
In ihrer adventlichen Sehnsucht haben die Christen häufig gebetet: „Amen. Komm, Herr Jesus" (Offb 22,20). Diese Bitte ist auch das letzte Wort der Bibel.

Hochgotisches Polygon (1350)
Verglasung (1957)
Goldene Tafel (2002)

Die drei großen Geheimnisse der Erlösung

Weihnachts-, Oster- und Pfingstfenster

Der mystische Charakter der Domhalle wird stark von den Fenstern im Hochchor geprägt. Zeitweilige Ersatzfenster mit hellem Glas haben die Beeinträchtigung des ganzen Raumes deutlich gemacht. Ursprünglich war nicht geplant, den Fenstern im Hochchor einen solchen dunklen Grundton zu geben; heute wissen wir, wie bestimmend für die Halle diese Farbgebung ist. Die Entwürfe stammen von Vinzenz Pieper (Berlin), und die Ausführung wurde von der Firma Peters (Paderborn 1957) übernommen. Die verschiedenen Farben, die sich nach oben in das Blau des Himmels verändern, finden ihren stärksten Ausdruck in der roten Farbe, der Farbe der Liebe. Wer das Glück hat, an einem strahlenden Sonnentag die im Osten aufgehende Sonne, die durch die großen Fenster flutet, im Gottesdienst zu erleben, der spürt etwas von dem Glanz der Geheimnisse Gottes, durch die uns die Erlösung zuteil wurde. Während die beiden Hochchorfenster nach Norden und Süden schlicht und ornamental verglast wurden, enthalten die drei mittleren Fenster, die auch Blickfang für die Beter sind, die Geheimnisse der Menschwerdung, der Auferstehung und der Geistsendung – Weihnachten, Ostern und Pfingsten. Im linken Fenster ist das Weihnachtsgeschehen beschrieben. In der mittleren Bahn sehen wir Maria, auf deren Schoß das Kind steht. Es wird ein wenig von der Mutter gehalten, hat aber doch schon beide Hände erhoben: die rechte nach oben zum Vater, die linke zur Seite, zu den Menschen. Die rechte Hand des Kindes liegt vor der Hand Mariens. Die querliegenden Strohhalme sind ein Hinweis auf die Krippe, in der Jesus auf Stroh gelegen hat. Sowohl der Blick der Mutter als auch der des Kindes sind dem Betrachter zugewandt.

Rechts daneben sind drei Hirten abgebildet, deutlich an dem Schaf und den beiden Hirtenstäben zu erkennen. Das Staunen und Erschrecken ist denen, die von den Feldern zur Krippe geeilt sind, ins Gesicht geschrieben. Auf der anderen Seite stehen die Hl. Drei Könige; sie tragen Kronen auf dem Haupt und die Geschenke Gold, Weihrauch und Myrrhe in ihren Händen. Ihre Gesichter, die teils

Osterfenster: Auferstehung Jesu (1957)

Weihnachtsfenster: Geburt Jesu (1957)

Pfingstfenster: Geistsendung (1957)

dem Kind, teils dem Betrachter zugewandt sind, sind voller Ehrfurcht und Hingabe.
Das mittlere Fenster mit der Abbildung des auferstandenen Christus, dessen Kleid von der linken Schulter über den Körper fällt und dessen fünf Wundmale zu sehen sind, ist besonders dominant; es beschreibt das zentrale Geheimnis des christlichen Glaubens. Der Auferstandene hebt seine rechte Hand zum Friedensgruß und Segen über die Welt. Links von ihm steht der Engel, der auf den Auferstandenen zeigt und den drei Frauen Maria von Magdala, Maria, der Mutter des Jakobus, und Salome (Mk 16,1), die Salbgefäße in ihren Händen tragen, auf der anderen Seite des Grabes als ersten die Botschaft verkündigt: „Der Herr ist auferstanden" (Mk 16,6). Mit dieser Botschaft ist die Verheißung verbunden, daß alle Menschen auferstehen dürfen zu einem ewigen Leben.
Im rechten Fenster ist die Geistsendung dargestellt. Maria sitzt in der Mitte der zwölf Apostel und trägt ein Buch auf ihrem Schoß. Vor seiner Himmelfahrt hatte Jesus den Aposteln versprochen, ihnen den Heiligen Geist zu senden. „Ich werde den Vater bitten, und er wird euch einen anderen Beistand geben, der für immer bei euch bleiben soll" (Joh 15,16). In roten Tropfen ist dieser Heilige Geist nach der Beschreibung der Bibel dargestellt. „Es erschienen ihnen Zungen wie von Feuer, die sich verteilten; auf jeden von ihnen ließ sich eine nieder. Alle wurden mit dem Heiligen Geist erfüllt" (Apg 2,3f.). Der Geist Gottes sollte in der Kirche leben, sie beseelen und leiten. Auffallend sind die vielen Hände, die zumeist nach oben wie leere Schalen geöffnet sind, um die Gaben des Geistes aufzufangen. Bis heute wird allen Menschen, die die Sakramente der Taufe und der Firmung empfangen, diese Kraft Gottes verliehen.
Die drei großen Fenster im Hochchor machen nicht nur Aussagen über Jesus Christus, sondern auch über uns. Ihre Botschaft, die in dem Buch der Kirche aufgeschrieben ist, lautet: Lebe, was du bist, und erwarte, was dir verheißen ist!

Nur das Gebet kann Gott besiegen

Anbetungskapelle mit Christus und der verbrannten Madonna

Romanischer Christus (1270)

Jesus Christus ist kein Nebengleis, keine Figur unter anderen. Er ist die Mitte der Welt, die Achse, um die sich alles dreht. Darum hat die Kunst eine Christusskulptur nie an eine Säule des Kirchenschiffes gestellt; an den Säulen befanden sich die Heiligenfiguren. Christus steht immer in der Mittelachse der Kirche – am Portal, über dem Altar oder in der Apsis. Auch im Mindener Dom war die Christusfigur ursprünglich als Portalmitte am Eingang des Domes – umgeben von den klugen und törichten Jungfrauen – gedacht. Durch den überraschenden Stilwechsel von der spätromanischen zur frühgotischen Bauweise im 13. Jahrhundert wurde dieser Plan verworfen.

Heute steht diese Christusfigur in der neu geschaffenen Betkapelle. Die Beter schauen auf diese beruhigende Gestalt, die die rechte Hand mit den erhobenen drei Fingern belehrend erhebt, während die linke die Erdkugel trägt und sie schützend umschließt. Der Gesichtsausdruck Christi ist gütig und bestimmt, das Haupt nicht geneigt, sondern souverän aufgerichtet. Der Blick ist durchdringend, er erreicht die weitesten Fernen und die verborgensten Winkel; Vergangenheit, Gegenwart und Zukunft stehen vor den Augen dieses königlichen Christus. Auch die vor ihm versammelte betende Gemeinde wird von seinem Blick erfaßt. Das üppige Haar fällt in geordneten Locken auf die Schultern; es verrät – wie auch die Kleidung – die romanische Strenge. Das Obergewand des lebendig gestalteten Faltenwurfs wird von der linken Hand mit gehalten. Hinter seinem Kopf erscheint in der Regel der göttliche Nimbus – bei Christus zum Unterschied zu den Heiligen immer mit dem Kreuz versehen – als Sinnbild ewiger Glorie (Gloriole), auf die auch die goldene Farbgebung hinweist. Die nackten Füße sind so gestellt, daß er festen Stand hat. Hier steht einer, der mit seinem Blick und seiner Gestalt

die Wirklichkeit der Welt beherrscht. Dieser majestätischen Christusaussage kann man sich anvertrauen; vor ihm finden die Beter Sicherheit und Trost. Zu ihm können sie – wie in der Komplet – sprechen: „In deine Hände lege ich mein Leben".
Wer vor dieser Plastik betet, der hört offensichtlich die Worte: Der Vater hat ihm „alles in seine Hand gegeben" (Joh 3,35). Und Jesus selbst fügt hinzu: „Sie werden niemals zugrunde gehen, und niemand kann sie meiner Hand entreißen" (Joh 10,28).
Seine Grundaussage lautet: Die Welt liegt in der Hand des Menschen, aber beides liegt in der Hand Gottes. Er ist die Achse der Welt.
Wer zu Christus geht, um vor ihm oder dem Allerheiligsten zu beten, begegnet auch der verbrannten Madonna. Sie stammt aus einem Marienaltar des späten 13. Jahrhunderts und gehörte zur Krönungsgruppe. Vom Glanz einer Königin ist nichts mehr zu sehen; sie wurde beim Bombenangriff auf Minden am 28.3.1945 fast völlig zerstört. Geblieben sind lediglich das verbrannte Gesicht, die beschädigte Krone und ein Teil ihres Schleiers. Alles andere ist verkohlt.
Diese Marienfigur ist ein ergreifendes Dokument unserer Zeitgeschichte. Sie erinnert uns an die Schrecken des Krieges, aber auch an die leidgeprüften Menschen, die sich dem Feuer ausgesetzt sehen. Vielleicht erkennt sich der notvolle Beter wieder in diesem verbrannten Menschen; vielleicht schöpft er aber auch Hoffnung aus dem lieblichen, verwundeten Gesicht. Maria ist Gefährtin der Leidenden und Zuflucht der Ausgebrannten. Sie schenkt Güte, Verzeihen und neuen Lebensmut. Sie lehrt uns eine Erfahrung, die Tertullian später in die Worte faßte: „Nur das Gebet kann Gott besiegen".

Verbrannte Madonna,
bisher in der Domschatzkammer (um 1320)

Maßwerkfenster

Wie sollen wir uns Gott denken? Wie können wir ihn darstellen? Immer haben die Menschen vor diesen Fragen gestanden. Letztlich blieben ihnen nur zwei Möglichkeiten: Entweder gaben sie Gott in ihrer Vorstellung menschliche Züge; dann hatte man zwar eine Ahnung von ihm, aber er überragte den Menschen nicht genug. Gott war zu wenig Gott. Oder man verzichtete auf eine bildhafte Beschreibung Gottes, weil er eben unfaßbar ist; dann versuchte man, ihn im Symbol darzustellen. (Symbol von sym-ballein – zusammenwerfen. Einem Kunstwerk einen geistlichen Sinn unterlegen.) Diesen letzten Weg hat die Kunst oft beschritten.

Die bemerkenswertesten Bauteile im Mindener Dom sind wohl die sechs großen Fenster im Langhaus. Sie sind von aufregender Schönheit und einzigartig in Europa. Konstruktion und Gestalt der Maßwerkfenster wurden um 1220 in Reims entwickelt. Sie waren die spektakulärste Neuheit, die die Erbauer der Kathedrale in Reims hervorgebracht haben. Reims kämpfte um die Vorherrschaft unter allen französischen Kathedralen. Hier wurden von 32 Königen im Laufe der Jahrhunderte 30 gekrönt. Die Erfindung der Maßwerkfenster war das Ergebnis des Kampfes zwischen Stein und Glas, zwischen Funktionalität und Kunst. Die Fensteröffnung war nicht einfach ein Loch für das Licht, sondern ein in einem steinernen Rahmen gefasstes Gestaltungselement. An der Kathedrale von Reims hatten alle neuen Maßwerkfenster dieselbe Gestalt: zwei Lanzetten lagen nebeneinander; darüber befand sich ein Kreis, darin ein Sechspass.

Wer sich nun die Maßwerkfenster im Mindener Dom anschaut, sieht den bis zur Reife geführten Fortschritt in der künstlerischen Gestaltung gegenüber der bedeutsamsten und anspruchsvollsten Kathedrale Frankreichs. Nur wenige Jahrzehnte nach der Entwicklung der Maßwerkfenster in Reims wurden sie in Minden von 1270-1290 zur Vollendung geführt. Die großen Fenster an der Nord- und Südseite holen das Licht in die Halle. Jedes Fenster, das aus einer Mischung von Maßwerk und Fensterrose besteht, ist einmalig für diese Zeit in Deutschland. Kein Fenster ist wie das andere; wie eine Parade von Rädern und Rosen bilden sie die Bekrönung der Fensterbahnen, mal sind es vier, mal fünf, mal sechs. Da diese frühgotische Halle (1267-1290) von Osten nach Westen gebaut wurde, hat das östlich gelegene Fenster an der Südseite

Östliches Maßwerkfenster an der Südseite (1270-1290)

Westliches Maßwerkfenster an der Südseite, Verglasung (1957)

noch die meisten romanischen Elemente. Es ist ein faszinierender Anblick, die Fenster etwa vom Kreuzhof her zu betrachten. Man sieht Räder von unterschiedlicher Größe; indem die Baumeister den Mittelpunkt des Rades tiefer gelegt haben, konnten sich die Rosen erst richtig entfalten. Das westliche Rad ist geschlossen, während die beiden anderen nach unten geöffnet sind. Man sieht Drei- und Sechspässe, Schachbrettformen und andere Motive. In einigen Fenstern zählen wir zehn Felder, die sich an die Mitte anschließen; es sind Hinweise auf die Zehn Gebote. Da im 13. Jahrhundert auch das Rosenkranzgebet entstanden ist, könnten sie auch auf die zehn „Gegrüßet seist du, Maria" hinweisen.

In allen Fenstern findet sich ein Grundmotiv, das ständig variiert wird: die Rose oder das Rad. Radförmige Fenster wurden in der Gotik „Rose" genannt. Das Rad war zur Blume geworden. Die Rose kann sich auch umgekehrt in ein sich drehendes Rad verwandeln, das doch zugleich stillsteht. Hier ist die Kunst ganz stark der mittelalterlichen Theologie gefolgt. Gott ist der alles bewegende Beweger, und doch ruht er in sich. Gott ist unbewegte Bewegung.

Der Kreis ist die Grundform in der klassischen Zier des Mittelalters; er ist aber auch Sinnbild der Vollkommenheit Gottes. Manchmal wird der Kreis geschlossen dargestellt; dann bedeutet er die absolute Vollendung. Manchmal aber ist er nach unten geöffnet; dann soll ausgesagt werden, daß Gott sich den Menschen und der Welt zuneigt. Der Himmel soll nicht geschlossen bleiben.

Auch die Gegenbewegung ist im Fenster zu sehen. Die Welt schaut nach oben. Nur von dort kann die Erlösung kommen. Die aufsteigenden Lanzettfenster sind auf das Rad gerichtet. Sie drücken ihre Sehnsucht nach der Begegnung mit Gott aus, weil nur von dort das Leben kommen kann. Vielleicht wollten die Baumeister in der künstlerischen Spitze der Fensterbahnen die Krone der Schöpfung, den Menschen, symbolisieren, der Gott ganz nahe sein darf.

So sind die Maßwerkfenster im Mindener Dom nicht nur Lichtquellen, nicht nur mit Hilfe der Verglasung dargestellte Rosen (Vinzenz Pieper und Anton Wendling, 1957), nicht nur Vergeistigung des Raumes durch Auflösung der Mauern, sondern eine Aussage über die Begegnung zwischen Gott und Welt, Symbol für das „Seufzen der Schöpfung" (Röm 8,22) nach Erlösung und für die Liebe Gottes zu den Menschen.

Das Himmelreich im Rosenfenster

Die Rose an der Nordseite des Domes

Der große mittelalterliche Dichter Dante hat in seinem Werk „Göttliche Komödie" das Himmelreich in der Gestalt einer lichten, himmlischen Rose gesehen. Diese Gestalt begegnet uns auch in den Rosenfenstern romanischer und gotischer Kathedralen. Wir wissen nicht, wann der Ausdruck „Rose" zum ersten Mal für ein Fenster gebraucht wurde. Wahrscheinlich ist die Bezeichnung am Anfang des 13. Jahrhunderts entstanden, als die Verehrung Mariens, deren Symbol die Rose ist, sich mehr und mehr – vor allem in Frankreich – durchsetzte.

Rosenfenster von innen (um 1340), Verglasung von Anton Wendling (1957)

Die Figur des Kreises gilt von alters her als die vollkommenste geometrische Figur, als Symbol göttlicher Weltordnung. Der Kreis hat keinen Anfang und kein Ende; darum ist das Rundfenster ein Abbild für die Ewigkeit Gottes.
Das einmalig schöne Rosenfenster im Mindener Dom (um 1340), das seine Vorläufer in Reims, Chartres und Paris an Ideenreichtum noch übertrifft, befindet sich an der Nordseite des Querhauses über dem Bischofsportal. Man sollte es von außen und von innen betrachten, um seine ganze Pracht zu erkennen. Das Mindener Fenster ist von der Zahl „Zwölf" bestimmt. Auf dem kleinen Innenkreis stehen zwölf frühgotische Arkaden; um sie legen sich zwölf weitere Arkaden, in deren Spitze sich jeweils der Dreipaß befindet. Im nächsten Umkreis sind zwölf Vierpässe abgebildet, jeweils von einer Einfassung umrahmt. Drei(-paß) mal Vier(-paß) ergibt wiederum die Zahl Zwölf. Die Drei weist auf die Dreifaltigkeit Gottes hin, die Vier auf die vier Himmelsrichtungen, die ein Bild für die Erde sind. Somit begegnen sich in der Zahl Zwölf oder in der Folge von Drei- und Vierpaß Himmel und Erde. Der Himmel soll ge-erdet sein und die Erde zum Himmel emporgehoben werden. Erde und Himmel werden von dem Außenkreis, dem Bild des Ewigen, dem Symbol Gottes, umfangen.
Während der Betrachter des Rosenfensters von außen das Fließen der Kräfte sieht, die Säulen und Bögen in ihren Funktionen von Tragen und Verspannen, treten beim Blick aus dem Innenraum diese funktionalen Aspekte in den Hintergrund. Bei der Innenansicht kommt das Spiel der Verglasung (Anton Wendling, 1957) zum Leuchten, das dem Rundfenster seinen himmlischen Glanz verleiht. Dieses runde Fenster ist nicht wie die Rosen in den Maßwerkfenstern der frühgotischen Halle aufgesogen, sondern es steht mächtig und aussagestark über dem Nordportal des Domes.
Im mittleren kleinen Kreis des Fensters findet sich ein schräg gestellter Vierpaß, der die Richtung für das Kreuz vorgibt. Wiederum stoßen wir – wie bei der Kreuzesanlage des ganzen Domes – auf ein Kreuz, das um 14 Grad nach links gedreht ist. Wahrscheinlich sollte mit dieser Drehung das im Tode geneigte Haupt Jesu dargestellt werden. Oder zeigt es die Richtung nach Fulda an? Oder hängt die Drehung des Kreuzes mit der Flügelstellung der hiesigen Windmühlen zusammen?
Die zwölf Arkaden, die sich um die Mitte Jesu Christi legen, weisen auf die zwölf Apostel hin. Es könnte sein, daß von dem Theologen Dionysius Areopagita, der um 500 ein Werk „von der himmlischen Hierarchie", von den Chören der Engel, von Cherubim und Seraphim, geschrieben hat, die Fenstergestaltung inspiriert wurde. Wir wissen nämlich, wie sehr er mit seinen Überlegungen die mittelalterliche Dichtung und Baukunst beeinflußt hat.
Mit dem Mindener Rosenfenster soll dem Betrachter die Pracht und Herrlichkeit des Himmels vor Augen geführt werden. Die wunderbare Rose ist wie eine Einladung Gottes an den Menschen.

Rosenfenster von außen

Spätromanisches Chorquadrum

Adlerkapitell (1230-1250)

Das 13. Jahrhundert war nicht nur eine Zeit des Wohlstands, des sozialen Ausgleichs und eines relativen Friedens, sondern auch eine große Zeit des Geistes, der Kunst, der Theologie, der Persönlichkeiten und auch der Architektur. Heilige wie Franziskus, Dominikus, Elisabeth von Thüringen, Thomas von Aquin und andere lebten in dieser Zeit. Auch die Baukunst gab dem 13. Jahrhundert ein neues Gesicht und veränderte das basilikale Langhaus des Mindener Domes. Die Baumeister begannen um 1230, von Osten her auf das erhaltene Westwerk zu eine spätromanische Kirche zu bauen. Während der Bauphase aber drang der gotische Baustil von Frankreich her nach Osten vor, so daß die Baumeister des Domes sich um die Mitte des 13. Jahrhunderts oder etwas später für eine frühgotische Halle entschieden haben (1267-1290).

In den frühen Kirchen wurde in der Regel die Apsis unmittelbar an den Vierungsraum angeschlossen. Auch die erste Kirche in Minden hat so ausgesehen und bestand aus einem rechteckigen Raum mit Apsis (Saalkirche). In der Symbolik des mittelalterlichen Denkens aber lag es, den Kirchen die Form eines Kreuzes zu geben. Darum ging man dazu über, neben dem Bau der Querhäuser zusätzlich ein Chorjoch zu schaffen, das zwischen Vierung und Apsis lag. Im Mindener Dom ist das spätromanische Chorquadrum in unbeschreiblicher Schönheit erhalten. Noch andere Gründe haben zum Bau eines solchen zusätzlichen Raumes beigetragen. Die Liturgie der Kirche wurde immer mehr entfaltet, so daß für sie in ihrem heiligen Spiel vor Gott weiterer Raum gebraucht wurde. Zudem nahmen gerade in den Bischofskirchen viele Priester an den heiligen Feiern teil; für sie mußten im Chorjoch Plätze geschaffen werden. Vor allem aber sollte der vierte Kreuzesarm auf der Ostseite verlängert werden. Durch diese Maßnahme wurde die Vierung als Kernstück der Kirche herausgestellt, und der Dom erhielt eine Längsachse, die für den Christen die Straße zur Ewigkeit bedeutete.

Das spätromanische Chorquadrum hinter dem Vierungsbereich wurde von Architekten, die am Niederrhein arbeiteten, wo heute noch einige Kirchen ähnliche Gestalt aufweisen, stark inspiriert. So ist uns an dieser Stelle des Mindener Domes ein Raum erhalten, der als Prunkstück rheinischer Gliederungskunst zu bezeichnen ist. Die Seitenwände sind in einer dreistöckigen Arkadenarchitektur gegliedert. Am Sockel befinden sich zu beiden Seiten vierteilige Blendarkaden (ohne Fensteröffnung); darüber ist ein Hauptstockwerk mit einem Laufgang. Den Abschluß bildet oben ein dreiteiliger Obergaden, in dessen Mitte auf jeder Seite eine Fensterrosette eingebaut ist. Im mittleren Hauptstockwerk, auf dem der Akzent liegt, fußen die Arkaden auf dünnen Zwillingssäulen mit einem starken Mittelpfeiler, auf der anderen Seite sogar auf vier gebündelten Säulen. Herrliche Blattkapitelle bilden jeweils den Abschluß. An der Südostseite ziert ein Adlerkapitell den Pfeiler im Hauptstockwerk. Die drei Adler mit nach unten gerichteten Köpfen sind Christussymbole, die sein Interesse an der Welt bekunden. „Ihr habt gesehen, wie ich euch auf Adlerflügeln getragen habe" (Ex 19,4).

Dieses Chorquadrum ist von höchster kunst- und baugeschichtlicher Qualität. Es ist ein unbezahlbares Geschenk für die Gemeinde, in diesem sensiblen Raum von einmaliger Schönheit regelmäßig am Werktag Gottesdienst feiern zu können. Trotz des Stilwechsels mit dem hochgotischen Abschluß erfahren die Gläubigen dankbar, wie die vollendete Baukunst dieses Hochchores sich auf ihre Frömmigkeit wohltuend auswirkt.

Spätromanisches Chorquadrum,
Nordseite (1230-1250)

Auch weltliche Throne müssen Gott tragen

Altar im Hochchor des Domes

Was sich versteckt, was im Verborgenen lebt, ist oft besonders wertvoll. So ergeht es auch einem kleinen Detail am Altar im Hochchor des Domes. Der Altar erscheint sehr klotzig; eigentlich paßt er nicht in den sensiblen Raum zwischen dem spätromanischen Chorquadrum und der hochgotischen Apsis. Dem Betrachter springt zunächst auf der vorderen Seite ein Kreuz ins Auge, dessen Korpus von Blättern umgeben ist. Dieses Kreuz, das aus neuerer Zeit stammt, stellt den Lebensbaum dar. Aus dem Tode Jesu erwächst das Leben (Winter, Limburg).
Kunsthistorisch viel bedeutsamer aber ist die Rückseite dieses Altares. Sie ist reliefartig bearbeitet und durch ein ornamental gestaltetes Kreuz in vier gleich große Felder geteilt. Keines der geschnitzten vier Reliefs gleicht dem anderen, aber alle sind von unbeschreiblicher Schönheit. Wahrscheinlich ist diese kunsthistorische Kostbarkeit in der ersten Hälfte des 13. Jahrhunderts in einer Mindener Werkstatt entstanden.

Das Feld links unten ist das Vierbänderfeld. Mitten durch die Ornamente ziehen sich vier verschlungene Perlbänder, die sich laufend überschneiden und dann ins Endlose verlieren.
Rechts daneben ist ein Relief, auf dem Perlbänder einen das ganze Feld überziehenden achtzackigen Stern bilden. In der Mitte ist ein Vierblatt; die anderen Zwischenräume sind mit Blättern und Blüten ausgefüllt. In zwei Ecken werden Drachen sichtbar.
Über diesem Feld ist ein kleineres, das mit Ornamenten aus romanischer Zeit bearbeitet ist. Man kann es das Rosettenfeld nennen, weil es von sechs prachtvollen Rosetten geschmückt ist, in deren Mitte jeweils achtlappige Blüten stecken. Die Rosetten, die sich in ihrer Gestalt unterscheiden, sind von geperlten Bändern umschlungen. Vielleicht wollte der Künstler ausdrücken, daß die sich kreuzenden Bänder das Böse fesseln sollen.
Das schönste Feld ist das kleinste, links oben, das Relief mit den Fabelwesen. Der Betrachter muß

Vierbänderfeld

Feld mit achteckigem Stern

Feld mit Fabelwesen

Rosettenfeld

sehr genau hinschauen, um die kleinen Wesen, Tiere und Menschen mit Tierleibern, zu erkennen. Sie alle sind zwischen dichten Blattranken versteckt. In diesem Feld ist der Kampf der Fabelwesen dargestellt. Menschliche Körper auf Tierleibern schwingen gegeneinander die Keule, während sie sich mit den Schilden in der anderen Hand vor dem Gegner zu schützen versuchen. Die Keule des rechten Gegners, dessen Gesichtsausdruck böse ist, wird von einer Ranke gehalten; der linke, den eine Federkappe ziert, ist prächtiger dargestellt. Sein Schlag mit der Keule ist ungehindert. Auch Drachen greifen in den Kampf ein.
Diese Altarfläche, deren Künstler die Reliefs mit der exzellenten Fähigkeit der Überschneidung bearbeitet hat, gibt viele Rätsel auf. Außer dem Kreuz, das die Fläche in vier Felder aufteilt, enthält sie kein christliches Symbol. Es könnte der Kampf zwischen dem Guten und dem Bösen dargestellt sein.
Es wird vermutet, daß es sich um die Rückseite eines Thrones handelt, auf dem ein weltlicher Herrscher gesessen hat. Da sich der Kampf der Fabelwesen im Rücken des Herrschers abspielte, sollte er vor dem Zugriff des Bösen aus dem Hinterhalt geschützt werden. Beim Bau des spätromanischen Mindener Domes um 1230 könnte diese Fläche des herrschaftlichen Thrones zu einem Lesepult umgearbeitet worden sein, um dem Worte Gottes zu dienen. In diesem Kunstwerk wird das Wort der Mindener Dichterin Gertrud von Le Fort aus ihren „Hymnen an die Kirche" erkennbar, das sie der Kirche in den Mund legt: „Siehe, in mir knien Völker, die lange dahin sind, und aus meiner Seele leuchten nach dem Ew'gen viele Heiden."

Kreuz als Lebensbaum (1972)

Das Mindener Kreuz

Der Tod ist das tiefste Geheimnis des Menschen; ratlos steht er vor seinem Schicksal. Nur einer kann dieses Geheimnis lösen, der den Tod selbst durchlitten hat: der gekreuzigte und auferstandene Herr. Somit sind die Vorgänge vom Sterben und Auferstehen Jesu zur Grundaussage des Menschen geworden; sie geben ihm Hoffnung auf Heil.

An diese Geheimnisse vom Sterben und Auferstehen werden wir in jeder Eucharistiefeier erinnert. Um diesem Ereignis auch im Bild sichtbaren Ausdruck zu verleihen, hängt über vielen Altären ein Kreuz. Oft wird der leidende Herr dargestellt; das Kreuz über dem Vierungsaltar im Mindener Dom aber enthüllt beides: den gekreuzigten und auferstandenen Herrn in einer Gestalt.

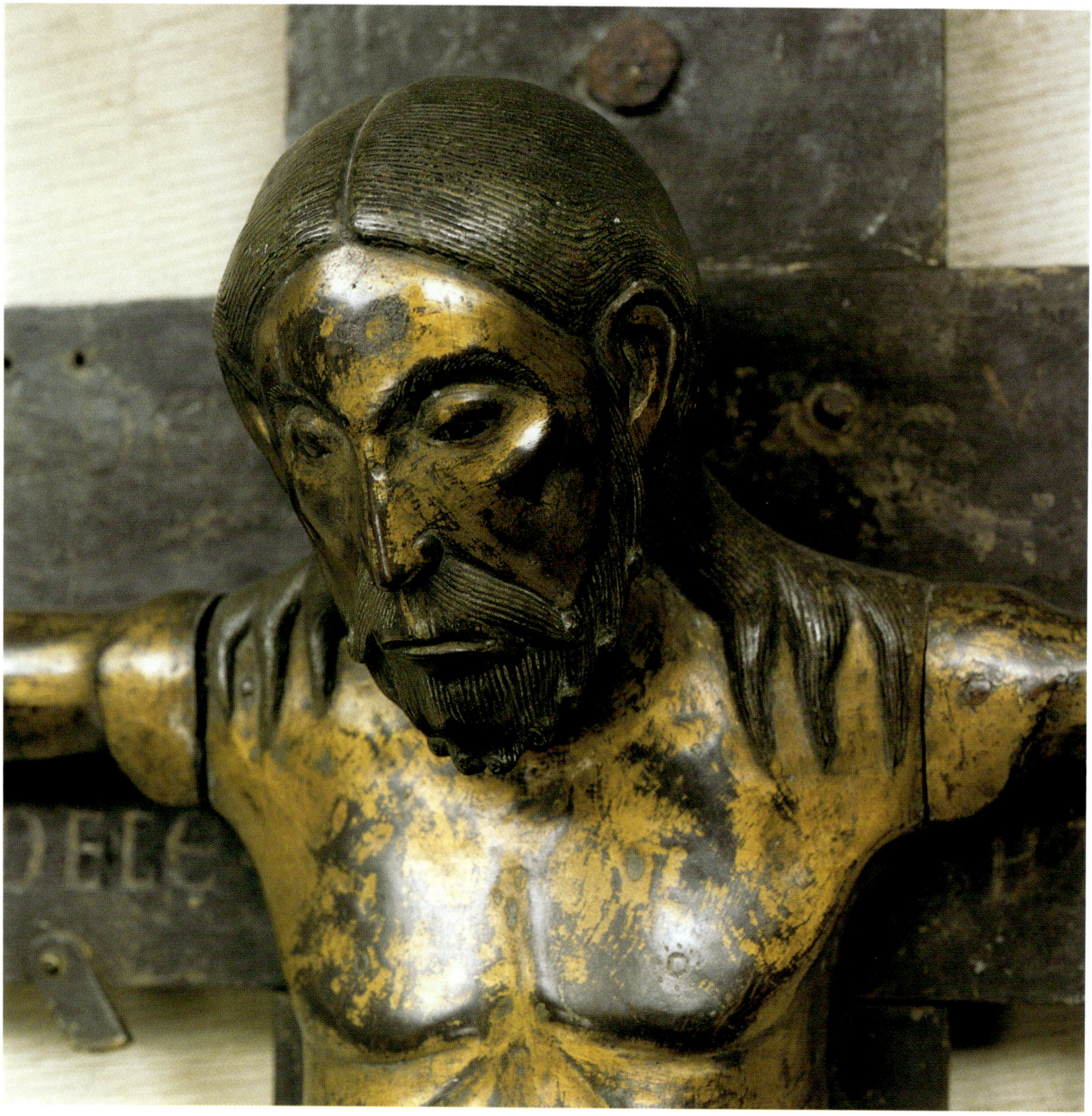

Mindener Kreuz
(Original in der Domschatzkammer, 1070)

Das „Mindener Kreuz" – so ist es in die Kunstgeschichte eingegangen – ist die größte Kostbarkeit des Mindener Domschatzes (im Dom hängt eine Kopie). Dieser Kruzifixus ist eines der seltenen Großkreuze aus der Zeit von vor mehr als 900 Jahren und könnte zur Weihe des neuen Domes 1072 – vielleicht in Helmarshausen – im Auftrag von Bischof Eilbert angefertigt worden sein. Der streng romanische, 1,05 m große Bronzekorpus ist ohne Seitenwunde und Dornenkrone; die Füße, die nebeneinander mit zwei Nägeln auf das Holz geheftet sind, stehen auf einem Drachen, dem Symbol des Bösen, das mit dem Tode Jesu besiegt ist. Der Korpus ist in sechs Teilen gegossen (Kopf mit Rumpf, Arme, Beine und Unterkörper) und war früher vergoldet. Der Gekreuzigte steht frontal zum Betrachter; er trägt ein in der Mitte geknotetes, panzerhaft starres Lendentuch aus Niello, einer Mischung aus Silber, Kupfer, Blei, Schwefel und Borax. Die Augäpfel sind aus Silber. Der etwas jüngere Kreuzesbalken mit symbolischen Astansätzen zum Sichhochziehen des Beters bei der Kreuzverehrung hat die Aufschrift: „HOC REPARAT XPC DEUS IN LIGNO CRUCIFIXUS QUOD DESTRUXIT ADAM DECEPTUS IN ARBORE QUADAM" – „Das stellt Christus, der am Holze gekreuzigte Gott, wieder her, was der am Baum getäuschte Adam zerstört hat." Adam hat Gottes Gebot übertreten, Jesus hat es in allem erfüllt. In der typologischen Bibelauslegung werden häufig solche alt- und neutestamentlichen Gegenüberstellungen vorgenommen.

Das Mindener Kruzifix symbolisiert den Verlierer und den Sieger, den leidenden und den erhöhten Herrn, in einer Skulptur. Dieser Gekreuzigte mit dem fliehenden Kinn, den vorgeschobenen Lippen, den heruntergezogenen Mundwinkeln und dem ausgemergelten Brustkorb ist zu Tode gemartert. Er hat alle Not der Menschen in seinem Leiden und Sterben vereinigt.

Und dennoch ist dieser Gekreuzigte voll Würde und Hoheit. Sein etwas gesenktes Haupt ist nicht das eines Toten, sondern das eines Lebenden, der sich den Menschen zuneigt. Der strenge Scheitel erinnert an das Wort Jesu: „Sogar die Haare auf dem Haupt sind alle gezählt" (Mt 10,30). Die weitausgespannten Arme öffnen sich für die ganze unerlöste und zerstrittene Welt. Dieser Gekreuzigte schenkt Leben und Heil: „Habt Mut; ich habe die Welt besiegt" (Joh 16,33).

Das Kreuz, in dem früher vielleicht eine Kreuzesreliquie aufbewahrt wurde, ist auf der Rückseite mit in Gold gefaßten Weinblättern und Trauben verziert (Elmar Hillebrand, 1995). In den Zweigen sitzen sieben Vögel, die an den Weintrauben naschen. Sie deuten darauf hin, daß auch die sieben Sakramente der Kirche vom Blute Jesu Christi leben. Die Eucharistie, die auf diesem Altar gefeiert wird, kündet vom Tod und von der Auferstehung. Aus diesem Geheimnis erwächst für die Welt ewiges Leben.

Mindener Kreuz, Rückseite (1995)

Das Zelt Gottes unter den Menschen

Tabernakel

Tabernakel (1280/1972)

In jeder katholischen Kirche befindet sich ein Tabernakel (tabernaculum = Zelt). Das Ewige Licht verweist auf dieses Zelt Gottes unter den Menschen. Früher stand er in der Regel ganz zentral auf dem Hauptaltar. In der romanischen und vor allem in der gotischen Zeit aber gab es in vielen Kirchen eigene Sakramentshäuschen, die im Chorraum an einer Seiten- oder Rückwand aufgebaut waren. Manchmal waren diese Tabernakel 4 bis 5 m hoch, herrlich gestaltet und mit vielen Figuren versehen. Der Aufbewahrungsort der konsekrierten eucharistischen Brotreste hatte für die Gläubigen eine solche Bedeutung, daß sie dem Tabernakel eine wertvolle künstlerische Gestalt gaben. Zum Zeichen der Verehrung machen katholische Christen beim Vorübergehen eine Kniebeuge.

Mit dem 2. Vatikanischen Konzil begann die Zeit, in der der Priester wie in der frühen Kirche die heilige Messe wieder zum Volke gewandt feiern durfte. Durch diese Regelung verlor der Tabernakel seinen Platz auf dem Altar, so daß er an einem anderen würdigen Ort im Altarraum aufgebaut werden mußte. In unserem Dom befindet er sich an dem linken vorderen Vierungspfeiler. Prof. Hillebrand hat ihn nach der Zerstörung 1945 mit Trümmerresten aus der Zeit um 1280 erbaut.

Der Sockel mit Blumenornamenten wurde vom Künstler neu geschaffen (1972), ebenfalls die Tabernakeltüren aus Bronze. Auf der linken Seite ist der Barmherzige Samariter (Lk 10,25-37) dargestellt. Er beugt sich über den am Boden liegenden Menschen. Christus selbst wendet sich mit dem Himmelsbrot dem sich nach Heil sehnenden Menschen zu. Auf der rechten Tür finden wir Jakobs Kampf mit dem Engel, in dem sich Gott verbirgt. Jakob sagte zu ihm: „Ich lasse dich nicht los, wenn du mich nicht segnest" (Gen 32,27). Im eucharistischen Brot erkennen wir die Liebe Gottes zu den Menschen, so daß wir mit Jakob sprechen können: „Ich habe Gott von Angesicht zu Angesicht gesehen und bin doch mit dem Leben davongekommen" (Gen 32,31).

Über dem modernen Baldachin steht ein Bau wie der Turm einer kleinen gotischen Kathedrale, ein Hinweis auf das himmlische Jerusalem. Das Gold an den Mauern bezeugt die Nähe Gottes. Die übereinandergestellten Baldachine befanden sich vor der Zerstörung über Heiligenfiguren an den Säulen des Domes. Die kleinen Gestalten an diesem Bau sind nicht genau zu erklären. Sind es drei Fabelwesen, wie Elefant, Adler, Stier?

Nach der Lehre der Kirche werden in jeder heiligen Messe für die teilnehmenden Gläubigen die Hostien konsekriert. Im Tabernakel sollen nur wenige Brote für die Kranken aufbewahrt werden. Durch diese Bestimmung werden die alten, kranken und schwachen Menschen, die nicht mehr zur Kirche gehen können, in die Erinnerung der Gottesdienstteilnehmer gerufen. Aber auch für die Beter, die sich im Laufe des Tages im Dom einfinden, ist das konsekrierte Brot im Tabernakel von großer Bedeutung. Immer mündet ihr Gebet in die Worte des hl. Thomas von Aquin: „In tiefer Demut bet' ich dich, verborgene Gottheit, an." Sie sind glücklich, an diesem heiligen Ort Gott ganz nahe sein zu dürfen.

Tabernakeltüren

Verkündige das Wort Gottes

Ambo

Unter diesem Auftrag des hl. Paulus an seinen Schüler Timotheus (2 Tim 4,2) steht die Kirche und damit jeder Priester. „Weh mir, wenn ich das Evangelium nicht verkündige" (1 Kor 9,16). Um diesem Verkündigungsauftrag eine besondere Betonung zu geben, hat man von Anfang an in den Kirchen einen Predigtstuhl eingerichtet. Der Priester wurde so aus dem Volk herausgehoben, wohl auch, um ihn besser verstehen zu können. Seit dem Spätmittelalter wurde der Predigtstuhl vom Altarraum an eine Säule des Langhauses verlegt. So entstanden in der Barockzeit herrliche Kanzeln, die mit reicher Zierde versehen waren. Auch im Mindener Dom war bis zur Zerstörung 1945 eine prächtige Barockkanzel mit geschmücktem Schalldeckel und den vier Evangelistenfiguren mitten im Hauptschiff angebracht.

Das Konzil hat die Kanzelposition wieder von der Säule des Langhauses in den Altarraum verlegt. Zwei Gründe waren für diese Entscheidung bestimmend: Der Priester sollte bei der Predigt nicht über den Menschen, sondern im Volke Gottes stehen. Oft war die hoch angebrachte Kanzel für die Priester eine Versuchung, die Menschen unter ihnen „abzukanzeln". Ein solcher Mißbrauch ist aber nicht Verkündigung des Wortes Gottes.

Evangelistar von Erentrud Trost OSB (1994) mit Ansicht des Mindener Domes

Ambo (1976)

Außendeckel von Lioba Munz OSB (1994)

Der andere Grund ist mehr theologischer Natur: Im Altarraum sollen den Gläubigen zwei Tische bereitet werden, der Tisch mit Brot und Wein und der Tisch des Wortes. Von beiden Tischen – von der Eucharistie und vom Evangelium – leben die Christen. Beide gehören zusammen, wie es in der heiligen Messe mit dem Wortgottesdienst und der Abendmahlsfeier vorbildlich zum Ausdruck gebracht wird. Bei der Veränderung der Kanzelposition griff die Kirche auf den alten Predigtstuhl des Ambo (ANABAINO = hinaufsteigen) zurück.
Dieser Ambo befindet sich im Dom auf der Südseite des Altarraumes und wurde von E. Hillebrand 1976 in Bronze gestaltet. Da das Wort Gottes immer Hoffnung und Leben verkündigt, hat der Künstler diesen Ambo mit Pflanzen und Blättern versehen. Er wollte damit ausdrücken, daß Christus selbst es ist, der verkündigt und der verkündigt wird. Weil er selbst in seinem Wort lebt, darum kann er auch in der Verkündigung anderen Menschen Leben schenken. Das Gotteswort ist im Menschenwort verborgen. Schon am Beginn des Gottesdienstes wird das deutlich, wenn das Evangelienbuch feierlich in die Kirche hineingetragen wird. Die Domgemeinde hat ein äußerst wertvolles Evangelistar (Schwester Lioba Munz OSB, Schwester Erentrud Trost OSB) anfertigen lassen, das in der Schatzkammer zu besichtigen ist.
Bevor der Priester die Frohe Botschaft vom Ambo aus verkündigt, verneigt er sich tief vor Gott und betet: „Herr, öffne mein Herz und meine Lippen, damit ich das Evangelium würdig und ehrfürchtig verkündige." Die Gemeinde erhebt sich und begrüßt mit dem festlichen Halleluja den Herrn in seinem Wort. Um die Würde und Kraft des Wortes sichtbar zu machen, wird der Evangelienzug zum Ambo mit Kerzen, oft auch mit Weihrauch begleitet. Zum Zeichen der Bereitschaft und der Aufmerksamkeit nimmt die Gemeinde das Evangelium stehend entgegen. Wer sein Herz öffnet und an den im Wort gegenwärtigen Herrn glaubt, kann mit dem Hauptmann von Kafarnaum bezeugen: Herr, sprich nur ein Wort, dann wird meine Seele gesund (Mt 8,8).

„Auferstehung" aus dem Evangelistar (1995)

Das Kind ist vom Heiligen Geist

Heilig-Geist-Altar

Heilig-Geist-Altar (1622)

In einer Nebenapsis des nördlichen Querhauses steht ein unbeschreiblich schöner Barockaltar aus Baumberger Sandstein, der sich in einer strengen Struktur mit Renaissancecharakter aufbaut. Die Inschrift im unteren Teil weist auf den Dompropst Johannes von Schorlemer hin, der – wie die eingefügte Zahl verrät – 1622 gestorben ist. Ihm zu Ehren oder von ihm gestiftet, wurde dieses Prunkstück des Domes erstellt. Darum wird es auch Schorlemerscher Altar genannt.

Wichtiger als die Ehrung des Dompropstes sind die beiden zentralen Geheimnisse unseres Glaubens, die reliefartig in zwei Feldern übereinander dargestellt sind. Im unteren Feld finden wir in einem Alabasterrelief die Geburt Jesu. In der Mitte ist das Kind, das von seinen Eltern und den Hirten umgeben ist. Alle Personen haben sich dem Retter der Welt zugewandt. Hinter der Personengruppe werden Stall, Landschaft und Tiere erkennbar. Über der Krippe befinden sich musizierende Engel mit Flügeln auf einer dicken Wolke; Instrumente und Notenbuch sind deutlich erkennbar.

Über dem Weihnachtsbild wird in einem quadratischen Feld das Pfingstereignis beschrieben. Eine große Gruppe von Menschen, deren Mitte Maria bildet, schaut ergriffen zu der über ihnen schwebenden in Gold gefassten Taube, die den Heiligen Geist dar-

Sendung des Hl. Geistes

stellt. Wegen dieses Bildes wird der Altar auch Heilig-Geist-Altar genannt.
In beiden Bildern spielt Maria, die Mutter des Herrn, eine herausragende Rolle. Sie könnte die Klammer zwischen beiden Geheimnissen bilden und so die zwei Szenen miteinander verbinden. Bei der Verkündigung hatte der Engel Maria verheißen: „Der Heilige Geist wird über dich kommen, und die Kraft des Höchsten wird dich überschatten. Deshalb wird auch das Kind heilig und Sohn Gottes genannt werden" (Lk 1,35). Der goldfarbene Akzent in der Taube unterstreicht die Göttlichkeit dieses Geschehens.
Ein Zusammenhang zwischen den beiden Bildern könnte aber auch in der zweifachen Geburt bestehen, die in diesen Bildern deutlich wird: in der Geburt des Kindes im Stalle zu Bethlehem und in der Geburt der Kirche in Jerusalem. In beiden Szenen ist der neue Anfang dargestellt, der immer der Initiative Gottes bedarf.
Die beiden Reliefs sind von Heiligen, Putten, Wappen, Ornamenten und Muscheln umgeben. Erkennbar in ihren Symbolen sind die Heiligen in der unteren Reihe, die die Evangelisten darstellen. (Von links nach rechts: Matthäus, Johannes, Lukas, Markus). In der Reihe darüber stehen die vier lateinischen Kirchenväter (von links nach rechts: Augustinus, Gregor der Große, Hieronymus, Ambrosius). Ganz oben auf der Spitze des Altares sind neben dem Schorlemerschen Wappen links Maria mit dem Kind und rechts Mutter Anna abgebildet; beide wenden sich einander zu. Zwischen ihnen steht erhöht auf einem Sockel der auferstandene Christus, der Garant des Lebens, mit der österlichen Siegesfahne in der Hand.
Wer vor diesem Altar steht und die Anmut des Krippengeschehens und die Kraft des Heiligen Geistes bewundert, der wird vom Pfingstwunder ermutigt, die Botschaft vom Reiche Gottes, dem Reich des Friedens und der Liebe, in die Welt zu tragen. Er wird aber auch bekennen: „Wir haben seine Herrlichkeit gesehen" (Joh 1,14). Die Herrlichkeit des Himmels tritt uns in diesem Altar entgegen – steinern, lebendig und eindringlich.

Geburt Jesu

Die neue Querhausorgel

Zwischen dem Heilig-Geist-Altar und der neuen Querhausorgel – ebenfalls von der Firma Kuhn/ Schweiz – besteht ein inhaltlicher Zusammenhang. Einer der dargestellten vier Kirchenlehrer ist Papst Gregor I., dem die Geschichte den Namen „der Große" gegeben hat. Dieser Papst wurde um 540 in Rom geboren und ist am 12. 3. 604 dort auch gestorben. Er gilt als einer der größten Päpste auf dem Stuhle Petri. Neben seinen historischen Verdiensten um die Kirche, seiner Seelsorge- und Missionstätigkeit, neben seinen theologischen Schriften, die das gesamte Mittelalter geprägt haben, hat er besonderen Einfluss auf die Liturgie, vor allem auf die liturgischen Gesänge genommen. Die Ursprünge der „gregorianischen" Musik sind bei ihm zu suchen. Die heutigen Chöre des Domes und die „Schola Gregoriana" haben in seiner Nähe ihren Platz gefunden.

Dem Heilig-Geist-Altar gegenüber steht die Querhausorgel mit drei Spieltischen (an der Orgel, vor dem Platz der Chöre und im Hochchor) und 27 Registern. Mit ihrem weichen und einfühlsamen Klang können Gemeinde und Chöre bei den Gottesdiensten im Hauptschiff und in der Werktagskirche begleitet werden. Unter dem Klang der beiden Kuhn-Orgeln empfinden die Gottesdienstteilnehmer die Musik als etwas, „das uns übersteigend, hinausdrängt" (R. M. Rilke), das uns aus dem Alltag herausreißt, uns über uns erhebt und in eine andere Welt entführt.

Die große Tradition der Mindener Dommusik möchte den Menschen helfen, die Faszination des ganz Anderen zu erfahren. Sie ist eine Sprache, die dort spricht, wo andere Sprachen enden.

Querhausorgel (2001)

850 Jahre Bischofskirche in Minden

Wer in den Dom hineingeht, betritt die Kirche in doppeltem Sinn. Die Kirche ist ein Gebäude aus Stein. Eine eindrucksvolle Halle umfängt den Besucher. Rechts und links wachsen Säulen aus der Erde, die das Gewölbe – man könnte auch sagen –, die den Himmel tragen. Sie sind umgeben von schmalen Säulen, große und kleine Dienste genannt.

Da die mittelalterlichen Baumeister alles tief und theologisch gedeutet haben, hatten auch die Säulen mit ihren Diensten einen geistlichen Hintergrund. Die Säulen eines Domes, die von der Erde bis zum Himmel ragen, sind Hinweise auf die Apostel. Darum wurde in vielen Kathedralen das Hauptschiff oft mit 12 Säulen versehen; häufig waren an ihnen auch Apostelfiguren mit ihren Symbolen aufgestellt. Der Bischof hat in der Kirche eine herausgehobene Position; er ist nicht ein kleiner Stein irgendwo im Mauerwerk, sondern er hat als Nachfolger der Apostel eine unübersehbare, tragende Bedeutung. Ein großer Theologe hat sie mit dem Wort umschrieben: „Wo der Bischof ist, da ist die Kirche." Der heilige Cyprian sagt: „Die Kirche ist im Bischof. Wer nicht mit dem Bischof ist, ist nicht in der Kirche."

Die Kirche in Minden ist rund 850 Jahre Bischofskirche gewesen. Von 803-1648 wurde sie von 60 Bischöfen geleitet. Leider wurde das Bistum im Westfälischen Frieden aufgelöst. Nicht alle Bischöfe haben positive Spuren hinterlassen. Im Konflikt mit den selbstbewussten Bürgern der Stadt Minden mussten sie sich im Jahre 1306 unter **Bischof Gottfried von Waldeck** (1304-1324) nach Petershagen zurückziehen, wo er die Burg zur bischöflichen Residenz ausbaute.

Einige Bischöfe aber hatten großen Einfluss auf die

Reisekelch mit Patene, Domschatzkammer (1085)

künstlerische, liturgische und kirchliche Entwicklung im Lande. Der erste **Bischof Erkanbert** aus dem Benediktinerkloster in Fulda war schon um 785 als Missionsbischof bei den Sachsen tätig; 803 wurde er nach der Gründung des Bistums durch Karl den Großen und Papst Leo III. 799 in Paderborn regierender Bischof in Minden (803-813). An der jetzigen Stelle des Domes baute er das erste Gotteshaus.

Unter dem Einfluss der **Bischöfe Lothar** (914-927) und **Ebergis** (927-950), die gleichzeitig Äbte des Benediktinerklosters Lorsch am Rhein waren, wurden die Gebeine des heiligen Gorgonius, die in dem Mutterkloster Gorze bei Metz aufbewahrt wurden, in einer translatio 952 nach Minden überführt. Von dieser Zeit an war der heilige Gorgonius erster und der heilige Petrus zweiter Patron des Domes.

Bischof Landward (958-969) gilt als einer der bedeutendsten Bischöfe des Bistums Minden. Er hat 962 Otto den Großen zur Kaiserkrönung nach Rom begleitet. Der neue Kaiser gewährte dem Domkapitel das Recht der freien Bischofswahl.

Bischof Milo (969-996) erhält für die Mindener Kirche das Münzrecht; dadurch wird er Reichsfürst. 993 richtet er für die heilige Tetwif auf dem Wittekindsberg ein Kloster ein. Sie ist im Heiligenfenster des Domes dargestellt. 1996 wurde an dieser Stelle eine Kreuzkirche entdeckt und freigelegt, die als eine Rarität in Europa gilt.

Bischof Sigebert (1022-1036) hat den Beinamen „amandus – der Liebenswerte“ erhalten. Seit seiner Zeit tragen die Mindener Bischöfe das Rationale, das die Päpste verdienten geistlichen Würdenträgern verleihen konnten. Er hat Wissenschaft und

Löwenaquamanile, Domschatzkammer (12. Jahrh.)

Kunst gefördert und wichtige liturgische Bücher herausgebracht. Die Entdeckung der Notenschrift, das Tropar, geht auf ihn zurück.
Sein Nachfolger, der heilige **Bischof Bruno** (1036-1055) hat auf dem Weserwerder 1042 das Benediktinerkloster St. Mauritius gegründet, das aber wegen des häufigen Hochwassers 1474 in die Oberstadt verlegt wurde.
In der Regierungszeit des **Bischofs Eilbert** (1055-1080) brannte 1062 der Dom ab, als gerade Kaiser Heinrich IV. in Minden weilte. Schon fast 10 Jahre später (1071) wurde der neue Dom mit dem romanischen Querhaus eingeweiht. Das berühmte Mindener Kreuz (1070) könnte ein Weihegeschenk gewesen sein. Bischof Eilbert wurde neben Bischof Sigebert in der Mindener St. Martinikirche beigesetzt.
Bischof Sigward (1120-1140) war der Erbauer der sehenswerten romanischen Kirche St. Ursula in Idensen, wo er auch begraben wurde.
In die Zeit des **Bischofs Werner von Bückeburg** (1153-1170) fällt die Hochzeit Heinrichs des Löwen mit Mathilde von England 1168 im Mindener Dom.
Der heilige **Bischof Anno von Landsberg** (1170-1185) hat auf seiner Pilgerreise nach Santiago de Compostella 1175 wichtige Kontakte zu Gorze, Cluny, Tours und St. Denis bei Paris hergestellt, aus heutiger Sicht bedeutsam für die Europäisierung unseres Landes.
Unter dem **Bischof Konrad I.** (1209-1237) kamen 1236 die Dominikaner nach Minden, die vom Kloster St. Pauli aus außerordentlich segensreich gewirkt haben. Bei ihnen haben mehrmals Kaiser und Könige gewohnt und dadurch das Wirken der Mönche unterstrichen.
Der Umzug der Bischöfe nach Petershagen war auch Ausdruck eines kirchlichen Niedergangs. Kardinal Nikolaus von Cues hat 1451 elf Tage in Minden verbracht, um notwendige Reformmaßnahmen einzuleiten.
1530 wurde in der St. Martinikirche erstmalig die evangelische Kirchenordnung bekanntgegeben. Damit setzte sich in Minden die Reformation durch. Auf Grund eines Beschlusses im Westfälischen Frieden 1648 blieben allerdings der Dom, die St. Mauritius – und St. Johanneskirche katholisch. Diese Regelung gilt bis heute.
Das bischöfliche Wappen hinter der Kathedra im Dom erinnert an eine Zeit großer Mindener Bischöfe im frühen Mittelalter.

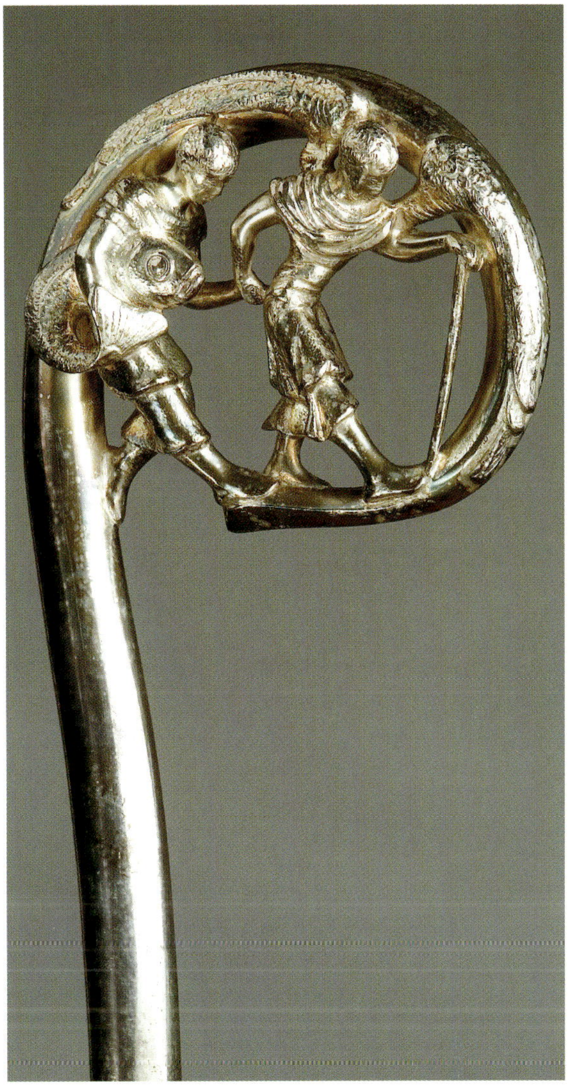

Bischofsstab für Bischof Nordhues von Hildegard Domizlaff, Domschatzkammer (1958)

Konzilsring von Bischof Nordhues, Domschatzkammer

Apostelfries

An der Südseite des Querhauses, über dem Seitenausgang, befindet sich der spätromanische Apostelfries (1270). 14 Personen werden dargestellt, von denen nur Christus, Maria, Petrus, Paulus, Johannes und Gorgonius zu erkennen sind; Judas fehlt. Während allein Christus in der Mitte ein offenes Buch in seiner Hand hält, ist es bei allen anderen geschlossen. Besonders majestätisch erscheinen Christus und Maria; die Lilie in ihrer Hand ist Zeichen ihrer Reinheit. Beide erheben die rechte Hand, Jesus mit drei erhobenen Fingern lehrend, Maria ehrfürchtig-erwartungsvoll. Petrus ist an seinem Schlüssel, Paulus an seiner Kahlköpfigkeit und Johannes als junger Mann ohne Bart zu erkennen. Der hl. Gorgonius, der wohl aufgrund seiner Eigenschaft als Patron des Domes in die Schar der Apostel aufgenommen wurde, erscheint in der Ritterrüstung des 13. Jahrhunderts.

Während nur die vier Hauptpersonen in der Mitte auf schmuckvoll gestalteten Thronen sitzen und durch ihre Frontalhaltung Würde ausstrahlen, sind alle anderen Figuren stehend dargestellt. Bei einigen deutet sich Schreiten an; sie gehen nach rechts oder links und sind dadurch im Halbprofil zu sehen. Durch diese unterschiedlichen Haltungen der Apostel entsteht für den Betrachter eine leichte Bewegung, als ob die Gesendeten mit ihrer Mission beginnen wollten.

Christus, der in ihrer Mitte sitzt, hat seinen Aposteln den Auftrag gegeben: „Gehet hinaus in die ganze Welt, und verkündet das Evangelium allen Geschöpfen!" (Mk 16,15). Dies ist ihre wichtigste Aufgabe. Darum tragen alle Apostel das Evangelienbuch in ihrer Hand; aber jeder trägt es anders. Im Mittelalter war der Apostelfries Bestandteil eines Lettners, der zwischen den beiden vorderen Vierungspfeilern gespannt war und den Altarraum von dem Versammlungsraum der Gläubigen trennte. Von diesem Lettner (lectorium = Lesepult) aus, der die Apostel in unterschiedlichen Handhaltungen, Gesichtsausdrücken, Haaren, Faltenwürfen der Gewänder und Schmuckformen darstellt, wurde dem Gottesvolk im Dom das Evangelium verkündigt. Alle früher einmal farblich gefaßten Figuren befinden sich unter mit Schmuckelementen versehenen Baldachinen, die Hoheit und Heiligkeit der Apostel ausdrücken sollen. Es könnte sein, daß der Künstler des Apostelfrieses oder seine Schule auch die Figuren an den Hauptportalen des Paderborner und Münsteraner Domes erstellt hat.

Die künstlerische Bearbeitung des Apostelfrieses macht uns deutlich, wie wichtig unseren Vorfahren die Verkündigung des Evangeliums war. Der hl. Augustinus hat das Wort Gottes als „hörbares Sakrament" bezeichnet. „Wie sollen die Menschen an den glauben, von dem sie nichts gehört haben? Wie sollen sie hören, wenn niemand verkündigt?" (Röm 10,14) fragt der hl. Paulus. Er schließt dann seine Fragen ab mit der Feststellung: „Wie sind die Freudenboten willkommen, die Gutes verkündi-

Maria und Christus aus dem Apostelfries

gen!" (Röm 10,15). Der ehrwürdige Apostelfries im Mindener Dom erscheint wie eine Schar von Freudenboten, die Frieden und Heil verkündigen und damit der Welt ein menschliches Gesicht geben möchten.

Apostelfries (1270)

Der hl. Gorgonius – Patron des Domes

Gorgonius aus dem Apostelfries

Über dem südlichen Nebenausgang unseres Domes befindet sich der Apostelfries (1270). Von den 14 Personen, die dargestellt sind, ist die ganz rechte eine Gestalt, die aus dem Rahmen fällt. Im Vergleich zu allen anderen Figuren tritt sie uns als Soldat entgegen. Dieser Soldat ist vom Kopf bis zu den Füßen mit einer römischen Rüstung ausgestattet. Seine rechte Hand umfaßt den Knauf des zum Boden gesenkten Schwertes, seine linke ruht auf dem Schild. Von der Schulter herab fällt sein Soldatenmantel. Der rechte Fuß ist ein wenig vorgeschoben, sein Blick geht in die Ferne. Die friedliche

Der hl. Gorgonius aus dem Apostelfries (1270)

Gesinnung dieses gläubigen Christen ist auf dem Schild durch das Lamm dargestellt, das die Siegesfahne des auferstandenen Christus trägt. Auf der Spitze der Fahnenstange ist das Kreuz abgebildet.
Wie kann ein Soldat es wagen, sich in die Schar der Apostel einzureihen? Es handelt sich um den hl. Gorgonius, den Patron unseres Domes. Er war unter dem römischen Kaiser Diokletian ein hochangesehener Palastoffizier und besaß das Vertrauen seines Herrn. Als Christ war es für ihn aber unerträglich, in der aufflammenden Christenverfolgung ansehen zu müssen, wie seine Glaubensbrüder gefoltert und hingerichtet wurden. Unerschrocken hat er beim Kaiser dagegen protestiert. Im Jahre 303 wurde Gorgonius dann selbst gepeinigt und erwürgt. Die Gebeine des Märtyrers kamen zunächst nach Rom in eine Katakombe, in der heute noch ein Wandgemälde von seiner Glaubensstärke Zeugnis gibt. Im 8. Jahrhundert wurden seine Gebeine in das Benediktinerkloster nach Gorze bei Metz überführt.
Minden war um 800 Bistum geworden. Der Patron des Domes war zunächst der hl. Petrus; vielleicht hat Kaiser Karl der Große sogar zur Bistumsgründung eine kleine Reliquie mitgebracht, die in dem äußerst kostbaren Petrischrein (1070), der in der Schatzkammer zu sehen ist, aufgehoben wurde. In der ersten Hälfte des 10. Jahrhunderts waren von 913 bis 950 im Bistum Minden hintereinander zwei Äbte des Benediktinerklosters Lorsch zugleich Bischöfe von Minden – Liuthar und Ebergis. Durch sie kam der Kontakt zum Benediktinerkloster in Gorze zustande, wo die Gebeine des hl. Gorgonius ruhten. In einer großen Translatio wurden 952 einige Reliquien des hl. Gorgonius von Gorze nach Minden überführt. Die Historiker berichten, daß viel Volk den Heiligen begleitet und in Minden begeistert empfangen habe. Durch diese Verbindung wurde eine Gebetsbruderschaft zwischen dem Kloster in Gorze und dem Bistum Minden begründet. Man wollte auch im Mittelalter nicht enge Kirchturmspolitik betreiben, sondern sich gegenseitig unterstützen und helfen. Damals legten die Christen großen Wert darauf, Reliquien von Heiligen in ihrer Mitte zu haben, die ihnen bei der Missionierung der Heiden, in unserer Umgebung vor allem der Sachsen, beistehen sollten. Bei der Weihe des neu aufgebauten Mindener Domes 952 wurde der hl. Gorgonius unter Bischof Helmward offiziell zum ersten Patron des Domes erwählt.

Schild des Gorgonius mit Auferstehungssymbol

„Heilige sind Menschen, durch die es anderen leichter wird, an Gott zu glauben" (Bours). So haben schon ganz früh die Christen begonnen, über den Gräbern der Heiligen Kirchen zu bauen. In jeder katholischen Kirche befindet sich im Altar ein Sepulcrum, das Grab mit den Reliquien eines Heiligen. Auf einem solchen Grab wird die heilige Messe gefeiert. Der Heilige ist in der Verehrung nie Endstation, sondern immer Finger und Wegweiser zu Gott.
Der hl. Gorgonius lehrt uns, daß Gott aus allen Bereichen, Berufen, Ständen, Völkern und Rassen Heilige beruft. So wie Zöllner und Sünder zu Jüngern Jesu wurden, so hat er auch Soldaten mit ihrem kriegerischen Handwerk nicht ausgeschlossen. Jeder von uns, wo er auch leben mag, ist von Gott in die Nachfolge Jesu gerufen. Der Künstler und Erbauer des Apostelfrieses hatte keine Bedenken, den Soldaten Gorgonius unter einem Baldachin in die Reihe der Apostel zu stellen. Jeder Heilige ist letztlich ein Lobgesang auf die Güte und Gnade Gottes. So schauen wir zum hl. Gorgonius auf und bitten ihn, er möge uns und unsere Gemeinde näher zu Christus führen.

In diesem Zeichen wirst du siegen

Kreuzigungsbild von Gert van Loon

Kaiser Konstantin hat der Überlieferung nach vor seinem Zug in die Schlacht an der Milvischen Brücke (312) in einer Vision am Himmel ein Kreuz gesehen mit der Inschrift: „In hoc signo vinces." Ein Jahr später hat er dem Christentum die Freiheit geschenkt. Seit dieser Zeit beherrscht das Kreuz im privaten, kirchlichen, kunstgeschichtlichen und öffentlichen Raum fast die ganze Welt.

Im Gegensatz zum romanischen „Mindener Kreuz" über dem Vierungsaltar stellt dieses auf Eichenholz gemalte Bild des Malers Gert van Loon aus Geseke (1480) den leidenden Christus am Kreuz dar. In der Mitte des Bildes hängt – über alle anderen Personen erhöht – der Gekreuzigte. Der Längsbalken bildet die Mitte, der Querbalken liegt wie ein Schutz über den Menschen, die ihrem Herrn gefolgt

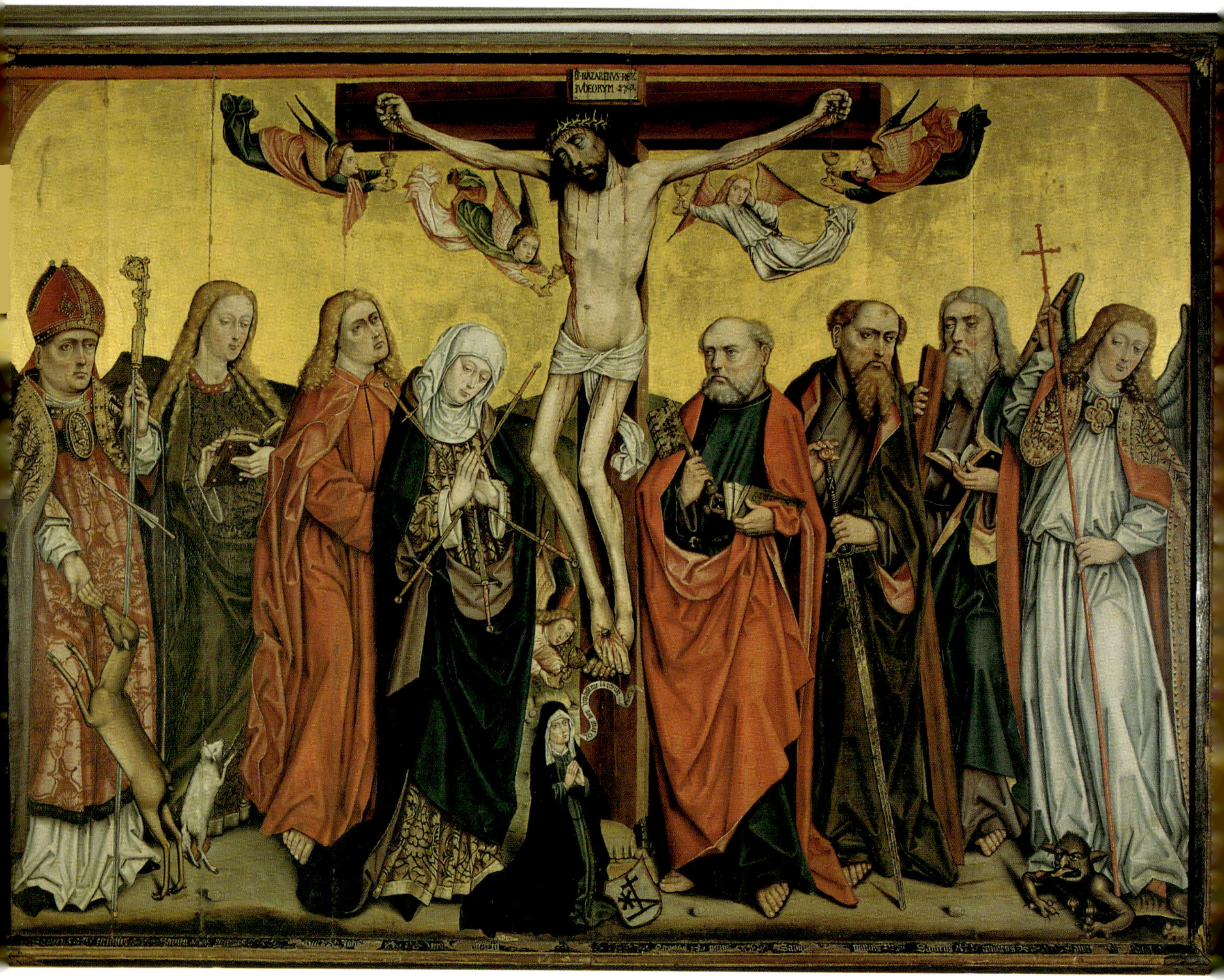

Gert van Loon: Kreuzigung (1480)

waren. Die obere Bildhälfte ist von einem goldfarbenen Hintergrund, in dem die schwach sichtbaren Heiligenscheine der Personen aufgehen, bestimmt. Damit soll gesagt werden: Der Gekreuzigte ist von Gottes Herrlichkeit umfangen. Anders als in der romanischen Kunst wurde Christus am Kreuz als der Leidende dargestellt. Sein Haupt mit der Dornenkrone ist zur Seite geneigt, die Augen sind geschlossen, das Blut aus den Wundmalen läuft über seinen Leib. Damit es nicht auf die Erde fällt, schweben fünf Engel herbei, um es in Kelchen aufzufangen. Diese Darstellung ist auch ein Hinweis auf die Eucharistie. Der tote Körper hängt nach unten durch, die beiden Füße stehen übereinander und sind nur mit einem Nagel am Holzbalken befestigt. Die Stifterin des Bildes kniet am Fuße des Kreuzes; auf dem Spruchband steht: „O leve her vorbarme de myner."

In ihren eigenen Leiden haben die Menschen nach Identifikationsfiguren gesucht, bei denen sie Trost finden konnten. Matthias Grünewald z. B. hat (um 1500) auf dem Isenheimer Altar den von Pestbeulen geschlagenen Christus am Kreuz für ein Siechenheim gemalt.

Unter dem Kreuz stehen Heilige mit ihren Attributen. Ganz links befindet sich der hl. Aegidius († 720) in seiner Abtstracht, den tödlichen Pfeil in der Brust und eine Hirschkuh an seiner Seite, von deren Milch er sich als frommer Einsiedler ernährt und die er vor den Jägern beschützt haben soll. In der Fischerstadt in Minden hat schon vor dem Dom eine Aegidiuskirche bestanden.

Neben ihm steht die hl. Agnes mit einem Buch in der Hand. Sie wird fast immer mit einem Lamm dargestellt. Dieses Attribut ist wohl auf ihren Namen (Agnes – agnus) zurückzuführen. Nach der Legenda aurea soll sie im 3. Jahrhundert mit 13 Jahren als Märtyrin in Rom gestorben sein. „Sie verlor den Tod und fand das Leben."

Der hl. Johannes, der Lieblingsjünger, befindet sich häufig in der Nähe Marias. Er stützt die schmerzensreiche Mutter (mater dolorosa), deren Leid durch die fünf Schwerter ausgedrückt ist, die ihr Herz durchdringen. Das weiße Kopftuch war im Mittelalter Zeichen der Trauer. Meistens ist Maria in einen blauen Mantel gehüllt.

Häufig stehen bei Kreuzesdarstellungen Maria und Johannes unmittelbar neben dem Kreuz; auf diesem Bild aber befinden sich der hl. Petrus und der hl. Paulus auf der anderen Seite. Da beide Heilige

am selben Tag das Martyrium fanden, treten sie oft gemeinsam auf, Petrus mit dem Schlüssel, Paulus mit dem Schwert. Petrus repräsentiert das Amt, Paulus das Charisma in der Kirche. Beide Berufungen sind unentbehrlich und fruchtbar für die Kirche.

Unverkennbar ist der hl. Andreas mit dem schräg gestellten Kreuz (Andreaskreuz), an dem er auch den Tod fand. Ganz rechts ist der Erzengel Michael zu sehen mit Flügeln, Engelsgewand und Kreuzstab, mit dem er den Drachen besiegt.

Der Künstler, der die westfälischen Köpfe und die Kleidung seiner Zeit aufgreift, verzichtet auf alles weitere Beiwerk – keine Gruppen von Menschen und Tieren, keine Wiedergabe der Landschaft. Wichtig sind ihm nur der Gekreuzigte und die, die ihm nachfolgen.

Kreuzweg

Im Mittelalter bildete sich – zunächst in Jerusalem – der Brauch, den Leidensweg Jesu nachzugehen. Die Pilger folgten den dort ansässigen Franziskanern zu einigen wichtigen Stationen, die Jesus auf seinem Weg zum Kreuz gegangen ist: Abendmahlssaal, Haus des Kaiphas, Ölberg, Kedrontal, Gethsemani, Kalvaria, Hl. Grab. Man wollte sich an das Leiden Christi erinnern.

Aus diesem Brauch entwickelte sich im 18. Jahrhundert die Andachtsform des Kreuzwegs Jesu mit 14 Stationen seines Leidens und Sterbens. Ihr Inhalt ist durch die Evangelien verbürgt oder von ihnen abgeleitet. Nur die Begegnung Jesu mit Veronika ist legendär. In fast allen katholischen Kirchen der Welt findet sich in unterschiedlicher Gestaltung und künstlerischer Qualität ein solcher Kreuzweg,

Kreuzweg (1958)

den viele Gläubige gehen und betrachten, um ihre Liebe zum leidenden Herrn auszudrücken oder bei ihm in ihrem eigenen Leid Trost zu finden.
Der Kreuzweg im Mindener Dom wurde von dem Bildhauer Heinrich Gerhard Bücker (Vellern bei Beckum) nach dem Kriege geschaffen und an der Nordseite der Halle angebracht. Der Künstler hat auf eine breite und realistische Darstellung der Leidensereignisse Jesu mit vielen Personen und dramatischen Beschreibungen verzichtet und den Betrachter jeweils auf den wesentlichen Kern hingewiesen. Der Beter sollte eben nicht durch szenische Vollständigkeit abgelenkt, sondern durch die Konzentration auf die zentrale Figur oder das entscheidende Ereignis im Innersten berührt werden.
So ist zu verstehen, daß Jesus in der zweiten, dritten, fünften, siebten, neunten, zehnten, zwölften und 14. Station allein abgebildet ist. Fast immer aber ist das Kreuz sein schrecklicher Begleiter mit Ausnahme der zehnten und 14. Station. Die Leere des Raumes auf der Tafel und die auffallende Tiefe der Plastik lassen die Gestalt besonders hervortreten. Die Bearbeitung in Bronze mit den stark aus der Fläche tretenden Figuren vermittelt einen zusätzlichen Eindruck, weil auch der Lichteinfall eine Rolle spielt.
Auf den Bildern der ersten und elften Station steht Jesus seinen Gegnern gegenüber, zunächst in der größten inneren Entfernung vor dem Thron des Pilatus, der in seiner weltlichen Macht über ihm steht. Deutlich zeigt der Herrscher, daß das Schicksal des gefesselten Jesus in seiner Hand liegt. In dieser eindrucksvollen Szene begegnen sich zwei unterschiedliche Welten, so wie auch jeder Christ sie erfährt. In der elften Station wird der Henker mit seinen Hammerschlägen in das Bild einbezogen, das durch die ausholende Bewegung des Soldaten beherrscht wird. Die Diagonale ist immer von der drückenden Last des Kreuzes ausgefüllt.
In den Stationen vier, fünf, sechs und acht begegnet Jesus Menschen, die zu ihm stehen und sich in der feindlichen Umgebung mutig zu ihm bekennen. An erster Stelle trifft er auf seine Mutter, die ihm das Leben geschenkt hat. Wie könnte eine Mutter ihren Sohn im Augenblick tiefster Erniedrigung verlassen? Ihre Anwesenheit allein ist Trost für den Leidenden. Die an den Körper gelegten Hände sind Ausdruck der Verschlossenheit ihres Schmerzes, während Jesus ihr seine geöffneten Hände – ohnmächtig – entgegenstreckt. Simon von

Jesus begegnet den weinenden Frauen

Cyrene, der Jesus das Kreuz ein Stück des Weges abgenommen hat, gilt im nächsten Bild als ein Vertreter der Menschen, die im Laufe der Geschichte geholfen haben, das Leid der Armen und Entrechteten zu lindern. An Veronika in der sechsten Station, die dem Leidenden ein Tuch hinhält, in das er sein blutiges Gesicht drückt, hat der Dichter Paul Claudel in seinem Kreuzweg – wie in unsere Zeit gesprochen – die Bitte gerichtet: „Lehre uns, Veronika, der Menschenfurcht zu trotzen!" Das Kind auf dem Arm in der dicht zusammengedrängten Gruppe der weinenden Frauen in der achten Station kann den Anblick des gequälten Jesus nicht ertragen und verbirgt sein Gesicht am Hals seiner Mutter.
Im zwölften Bild wird durch das jetzt senkrecht stehende Kreuz die Niederlage Jesu beschrieben. Dieser Augenblick ist die Nacht des Todes, die jeder Mensch erfahren wird. Für jeden kann das aufgerichtete Kreuz aber auch zu einer Brücke zwischen Himmel und Erde werden. In der 13. Station nimmt der Ratsherr Nikodemus den toten Leichnam vom Kreuz, um ihn ins Grab zu legen. Während bei der Kreuzigung die Sonne sich verfinstert, ist in der letzten Station das Tor zum Grab schon für die Auferstehung und das neue Leben geöffnet. So hat das menschliche Leben nicht nur ein Ende, sondern auch ein Ziel.

Drei Epitaphien

Epitaph des Eberhard von Mallinckrodt

Epitaphien möchten an Verstorbene erinnern. Angehörige, Freunde, Gläubige, Künstler haben sich gedrängt gefühlt, ihnen ein Denkmal zu setzen, damit sie nicht in Vergessenheit geraten. Epitaphien sind Ausdruck von Verehrung und Dankbarkeit für verdienstvolle Menschen. So verläuft die Linie der Erinnerung durch das Grabmal hindurch von den Lebenden zu den Toten.

Die Epitaphien, die häufig von hoher künstlerischer Qualität sind, machen oft auch bedeutsame theologische Aussagen. Die drei großen Grabmäler im Mindener Dom wurden von dem berühmten Bildhauer Meister Adam Stenelt aus Osnabrück geschaffen. Er lebte in der Übergangszeit von der Renaissance zum Barock und war sehr produktiv. Im Vordergrund seiner Werke, die nach 1617 – also mitten in den Unruhen des 30jährigen Krieges – entstanden sind, steht nicht der Verstorbene, sondern die Heilsgeschichte, die eine Botschaft an die Lebenden ist.

An der Nordseite des nördlichen vorderen Vierungspfeilers befindet sich das Epitaph des Mindener Domdekans Eberhard von Mallinckrodt († 1617). Der erschöpfte und lebensmüde Verstorbene betet aus dem 31. Psalm: „In deine Hände lege ich voll Vertrauen meinen Geist; du hast mich erlöst, Herr, du treuer Gott." Zur Bestätigung dieser Aussage finden sich im Mittelstück der gekreuzigte Christus, neben ihm Schächer, zu seinen Füßen viele Gestalten – Trauernde, Freunde, Soldaten, Ankläger – in bewegenden Bildern. Links an der Außenseite ist die Grablegung Jesu, rechts sind die Kreuztragung und die Begegnung mit Veronika dargestellt. Der Glaube des Verstorbenen ist auf die Auferstehung gerichtet. Darum ist oben der auferstandene Christus mit der Osterfahne zu sehen, flankiert von reichverzierten Säulen mit korinthischen Kapitellen. Auf der Spitze ist das Wappen mit Christus als Erlöser angebracht, zu seiner Seite stehen der hl. Johannes mit dem Adler und Abraham, der Vater der Glaubenden, und sein Sohn Isaak.

Das über dem Eingang zur Pieta-Kapelle an der Westwand des Domes angebrachte Epitaph des Domherren Herbord von Langen († 1628) hat als

Figur der gekrönten Caritas auf dem Epitaph des Hieronymus von Grapendorf

Mittelstück die Geißelung Jesu vor dem Bild des Osnabrücker Domes. Darüber befinden sich die Dornenkrönung und ganz oben der gequälte Christus mit gefesselten Händen. Diese drei Leidensbeschreibungen Jesu sind von alttestamentlichen Figuren umgeben. Deutlich zu erkennen sind Mose mit den Gesetzestafeln und David mit der Harfe. Widerliche Teufelsfratzen begleiten die Szene; ein Teufel beißt Moses.

Ebenfalls an der Westwand des Domes ist das Epitaph des Domherrn Hieronymus von Grapendorf († 1622) angebracht. Der Verstorbene kniet betend vor dem Kreuz. Hinter dem Verstorbenen wird im Relief die Gefangennahme Jesu dargestellt. Darüber ist seine Grablegung zwischen sechs Säulen mit korinthischen Kapitellen zu sehen. Wieder richtet sich die Hoffnung dieses Verstorbenen auf das ewige Leben, das in der Auferstehung Jesu gründet. Links neben ihm stehen die Frauen am Grab, rechts sind Himmelfahrt und Verklärung Christi als Wegweisung für den Verstorbenen dargestellt. Bei dem linken Medaillon ist die Figur der Vanitas (Eitelkeit) abgebildet. Das Epitaph schließt an seiner Spitze mit einer Frau ab, die ein Kind auf dem linken Arm trägt. In der rechten hält sie einen Apfel; neben ihr stehen zwei Putten. Es handelt sich um die gekrönte Caritas. Der Künstler wollte sagen: Über dem Tod steht die Liebe.

Epitaph des Herbord von Langen

Taufstein

Hinter dem Portal steht der Taufbrunnen. Diese Position ist nicht willkürlich, sondern bewußt gewählt. So wie im alten Gottesvolk Israels das Zeichen der Zugehörigkeit die Beschneidung war, ist es im neuen Volke Gottes die Taufe. Sie ist das Sakrament, durch das ein Glaubender wie durch ein Tor in die Gemeinde eintritt und von ihr aufgenommen wird. Bei einem solchen Verständnis ist die Stellung des Taufbrunnens am Eingang des Domes ein Symbol für den Eintritt in den bergenden Lebensraum des Volkes Gottes, die Kirche.

Der Taufbrunnen im Dom (1957) von der Bildhauerin Gisela Leo-Stellbrink ist ein schlichter runder, behauener Stein, der sich mit seiner monumentalen, kufenförmigen Gestalt in die schlichte romanische Westseite einfügt. Er trägt als sparsamen Schmuck das Symbol der Arche und der Taube. In der Theologie wurden das Schweben des Geistes Gottes über den Urwassern und die Errettung des Noach mit seiner Familie aus der Sintflut immer als Hinweis auf die Taufe verstanden. „Wenn jemand nicht aus Wasser und Geist geboren wird, kann er nicht in das Reich Gottes kommen" (Joh 3,5). Demnach ist das Sakrament der Taufe nach der Aussage der Bibel zum Heile des Menschen notwendig; wer sich taufen läßt, vollzieht eine Lebenswende zu Jesus Christus.

Weihwassergefäß mit Aspergill (1740)

In der frühen Kirche wurden die Bewerber durch Untertauchen getauft. Dieser eindrucksvolle Ritus, der in der orthodoxen Kirche bis heute erhalten ist, zeigt die Symbolik des Wassers: Untertauchen bedeutet das Sterben des alten Menschen, Auftauchen ist Auferstehung zu einem neuen Menschen. In der Taufe werden Karfreitag und Ostern vereint und Tod und Auferstehung Jesu Christi nachvollzogen. „Wir wurden mit ihm begraben durch die Taufe auf den Tod; und wie Christus durch die Herrlichkeit des Vaters von den Toten auferweckt wurde, so sollen auch wir als neue Menschen leben" (Röm 6,4).

Die Sehnsucht der Menschen nach Leben ist groß. Die Bedeutung des Wassers, das Leben schenkt, konnte die Dom-Gemeinde eindrucksvoll und dramatisch erfahren, als in einem heißen Sommer viele Tauben über dem Gewölbe gefangen und dem Tode des Verdurstens preisgegeben waren. Alle Tauben hatten sich auf dem Gewölbe über dem Vierungsraum versammelt, weil sich früher unter dem Altar ein alter Brunnen befunden hatte. Die Tiere haben instinktiv empfunden, daß nur dieses „lebendige Wasser" sie retten könne.

Die Taufe ist die Grundlage der ökumenischen Gemeinschaft. Sie ist – wie jedes Sakrament – eine Umarmung Gottes, der den Täufling in seine Arme nimmt und jeden Menschen begleitet, der auf ihn im Glauben seine Hoffnung setzt.

Um den Taufbrunnen noch stärker zu betonen, wurde er von einem Bodenmosaik umgeben, dessen Muster sich an dem Befund eines ergrabenen romanischen Mosaiks aus dem nördlichen Querhaus des Domes anlehnt (1072). Die Bronzeabdeckung enthält den Hymnus „Veni, creator spiritus", den der Mönch und spätere Bischof Rabanus Maurus am Anfang des 9. Jahrhunderts getextet hat. Dieser Ordensmann hat zusammen mit dem heiligen Erkanbert, dem ersten Bischof des Bistums Minden, im Benediktinerkloster in Fulda gelebt.

Taufstein (1957/1999)
Nachbildung eines Bodenmosaiks
aus der Zeit um 1072

Die Krönung im Himmel als Ziel des Menschen

Von der alten zur neuen Goldenen Tafel

Fast 450 Jahre hat die alte Goldene Tafel im Mindener Dom den Chorabschluss gebildet. Der Altar, dessen stark beschädigtes und farblich abgelaugtes Orginal sich in der Skulpturensammlung der Staatlichen Museen in Berlin befindet, setzt sich aus einem romanischen Unterbau (Predella um 1220) und einem gotischen Altaraufsatz (Retabel um 1425) zusammen und ist mit geöffneten Flügeln fünfeinhalb Meter breit. Wahrscheinlich ist die Predella im Zusammenhang mit dem Umbau des spätromanischen Hochchores des Mindener Domes als Reliquienschrein mit Pultdach entstanden. Dieser Unterbau hat zwei Geschosse von Arkaden mit Kleeblattbögen, in der Mitte eine Marienkrönung und an ihrer Seite sitzende und stehende Figuren von Aposteln und Heiligen. Einige verlorengegangene Figuren wurden in der neuen Goldenen Tafel ersetzt; eine von ihnen ist der erste Bischof von Minden Erkanbert.

Im Jahre 1425 wurde der gotische Flügelaltar – vielleicht sogar in einer Mindener Werkstatt – erstellt und mit dem Unterbau zu einem einzigen Altar verbunden. Im Zentrum dieses oberen Teils sitzt die gekrönte Gottesmutter Maria auf einer Bank neben ihrem Sohn. Jesus schaut den Betrachter an und hat seine rechte Hand zum Segensgestus erhoben. Er

Goldene Tafel (1220/1425/2002)

und Maria sind von neun Engelchören mit mittelalterlichen Musikinstrumenten umgeben, die eine Mandorla bilden. Die 12 Apostel stehen unter Baldachinen an ihrer Seite; in ihren Händen tragen sie das Buch mit der Frohen Botschaft. Nur Petrus und Paulus, Johannes und Jakobus sind an ihren Attributen zu erkennen. 14 alttestamentliche Propheten in dem Retabel weisen auf den kommenden Messias hin.

Die alte Goldene Tafel wurde 1656 durch einen Barockaltar ersetzt, der bis zur Zerstörung des Domes 1945 den Chorabschluss bildete. Im Jahre 1909 wurde sie unter dem Druck des Kaisers an die preußischen Museen in Berlin verkauft.

Bei der 1200-Jahrfeier des ehemaligen Bistums Minden 1999 fasste der Kirchenvorstand der Domgemeinde den Beschluss, die Goldene Tafel mit anerkannten Künstlern, Bildhauern, wissenschaftlichen Beratern, Architekten und Theologen nachbilden zu lassen. Sie wurde von den Südtirolern Bildhauern Wilhelm Senoner (St. Ulrich), Hugo Senoner (Wolkenstein) und der Firma Ochsenfarth Restaurierungen (Paderborn) ausgeführt.

Der Dichter Johannes R. Becher hat in seinem Gedicht „Riemenschneider" den spätgotischen Bildhauer aus Franken beschrieben, der uns weltberühmte Schnitzaltäre hinterlassen hat und 1531 in Würzburg gestorben ist. Der Dichter beschreibt das Schicksal eines Bauern, dem man in der Zeit der Bauernkriege die Augen ausgestochen hatte. Der Würzburger Meister, der als Ratsmitglied auf der Seite der Aufständischen stand, soll dem Bauern versprochen haben: „Ich mach dich wieder sehend." „Alle Lasten schnitzte er, die solch ein Bauer trug, ins Gesicht hinein", schreibt der Dichter. Und weil die Figur für einen Altar bestimmt war, endet das Gedicht: „Und der Bauer, der geblendet war, sah mit großen Augen vom Altar."

Goldene Tafel, Krönung Mariens mit Engelchören (1425/2002)

So können auch wir auf die Goldene Tafel schauen. Die geschnitzten Figuren sind keine toten Gestalten, sondern sprechende Apostel und Heilige. Jedes Gesicht ist lebend, jedes Auge sehend. Alle unsere Lasten schnitzte der Bildhauer ins Gesicht hinein.

Die Nachbildung der Goldenen Tafel ist eine Erinnerung an den Reichtum der Geschichte, aus dem die Zukunft zu gestalten ist. Sie möchte die Betrachter daran erinnern, dass ihr Leben nicht ein Ende, sondern ein Ziel hat. Dieses Lebensziel ist in der Krönung Mariens im himmlischen Jerusalem bildhaft dargestellt. So ist ihre Krone kein Herrschaftszeichen, sondern ein Zeichen der Vollendung. Einmal darf der mit Gott verbundene Mensch wie Maria die Krone des Lebens tragen.

Krönung Mariens (1220/2002)

Apostelfiguren (1425/2002)

Von nun an preisen mich selig alle Geschlechter

Traubenmadonna

Die gotische Marienfigur (1470) am linken vorderen Vierungspfeiler ist das Mittelstück eines durch den Krieg zerstörten Flügelaltars. Sie wurde an diese Stelle versetzt, um ihr noch größere Bedeutung zu geben. Ein Pfeiler ist wichtiger als eine Säule; er hat im Kirchbau einen höheren Rang. Außerdem sollte Maria mehr in die Nähe des Altares gerückt werden. Daß die Gottesmutter am selben Pfeiler wie der Tabernakel steht, ist besonders aussagestark: Maria ist Tabernakel Gottes. So wie das Sakramentshäuschen den Leib des Herrn aufnimmt, so hat Maria den Sohn Gottes getragen. Es kommt hinzu, daß die Heilige an dieser Stelle unter dem gemalten Baldachin und vor einem gemalten Teppich (Hillebrand) mit grünen Blättern ein angemessenes Gegenüber zu dem Heiligenfresko an dem rechten Vierungspfeiler bildet.

Maria steht auf einem Pinienzapfen – Symbol des Lebens –, der mit Rosen umkleidet ist (Hillebrand). Immer sind Rosen Zeichen für die Gottesmutter. Über dieser Konsole ist die sich aufbäumende Schlange erkennbar, die Eva im Paradies verführt hat und die jetzt von der zweiten Eva besiegt wird. „Sie wird der Schlange den Kopf zertreten" (Gen 3,15). In der Kunst erkennt man die „apokalyptische Frau" im Unterschied zur Immakulata an der Schlange unter ihren Füßen. Die Mutter möchte das Kind vor der Schlange schützen. Maria, die auf der Mondsichel steht (Offb 12,1), trägt Kleid und Mantel; von ihrem Haupt fällt helles, üppiges und lockiges Haar, das von einem gewundenen Diadem mit einem auffallenden Edelstein über ihrer Stirn gehalten wird. Die goldene Farbe ihres Mantels ist Ausdruck ihrer besonderen Gottesbeziehung. Die Spitze ihres goldenen Obergewandes zeigt zum Kind; von ihm geht alle Gnade aus.

Während wir oft das Kind auf dem linken Arm tragen, hält sie es auf dem rechten – Zeichen der Hoheit und Würde. Die Beine des Kindes sind übereinandergeschlagen; es spielt mit der Weltkugel. Schon als Kind erweist sich Jesus als Herr der Welt. „Ein Kind ist uns geboren, ein Sohn ist uns geschenkt. Seine Herrschaft ist groß" (Jes 9,5f.), beten wir in der Weihnachtsliturgie.

In der linken Hand trägt Maria eine Traube; sie hält sie dem Kind hin. Die Weintraube ist ein Hinweis auf die Eucharistie, aber auch auf das Leiden, das über dieses Kind einmal kommen wird. Vielleicht stellt diese Marienfigur auch eine Verbindung zu einem Bistum – etwa Trier – her, in dem der Wein wächst. Auch früher schon haben die Diözesen untereinander Kontakte gepflegt und sich gegenseitig wertvolle Geschenke gemacht.

Maria ist keine Göttin, sondern Geschöpf wie wir. Weil sie auf unserer Seite steht, darum ist sie uns so nahe. Sie ist deshalb groß und von allen Geschlechtern seliggepriesen, weil Gott sie zur Mutter seines Sohnes erkoren und dadurch groß gemacht hat. Sie selbst hat im Magnifikat bezeugt: „Auf die Niedrigkeit seiner Magd hat er geschaut. Von nun an preisen mich selig alle Geschlechter.Der Mächtige hat Großes an mir getan" (Lk 1,48f.). Weil Jesus vom Kreuz herab Maria zur Mutter aller Menschen gemacht hat, darum gehen wir gern zu ihr und bitten um ihre Fürsprache bei Gott.

Traubenmadonna (1470)

Bischofsportal

Unter der herrlichen Rosette auf der nördlichen Seite des Querschiffes befindet sich ein beachtenswertes spätromanisches Portal. Die meisten Kathedralen weisen neben dem Hauptportal noch weitere Zugänge auf, die oft schmuckvoll gestaltet wurden. In Minden ist neben dem Paradies- und dem Jungfrauenportal das sogenannte Bischofsportal hervorzuheben, das seinen Namen von der Benutzung durch die Bischöfe erhielt, deren Wohnung sich an diese Nordseite anschloß.

Das Nordportal (um 1270) tritt als eigenständiger Baukörper auf, der durch eine rechteckige Umrah-

Bischofsportal (1270)

Bischof Erkanbert, hl. Gorgonius (1957)

mung hervorgehoben wird. Es ist ein Stufenportal mit eingestellten Säulen, die Blatt-Kapitelle aufweisen. Die Säulen laufen in den spitzbogigen Archivolten als Unterzüge fort und umrahmen ein Tympanon, in dem eine Marienfigur mit Kind die beherrschende Mitte bildet. Maria sitzt mit dem Jesuskind (Kopie) unter dem Baldachin einer frühgotischen Kathedrale; ihre linke Hand umfaßt das Kind, das in der einen Hand die Weltkugel hält und die rechte zur Belehrung und zum Segen erhebt. „Auf ihrem Schoße wird sein Thron sein", sagt die Dichterin Gertrud von Le Fort in ihren „Hymnen an die Kirche". Maria ist zum Thron der Weisheit (sedes sapientiae) geworden; die Weisheit ist Gott selbst. Für diesen thronenden Christus ist es notwendig, daß Maria auf einem Stuhl sitzt, so saß ihr Sohn auf ihrem Schoße thronen kann. Auf diese Weise macht Maria auf ihren Sohn als den Herrn der Welt aufmerksam.

Das Bronzeportal (Douglas-Hill, Berlin) ist ein Geschenk der Stadt Minden an die Domgemeinde anläßlich der Wiedereinweihung des Domes 1957. Links ist der erste Bischof des 799 in Paderborn zwischen Karl dem Großen und Papst Leo III. gegründeten Bistums Minden dargestellt: der aus Fulda kommende Benediktinermönch Erkanbert (Herkumbert), der von 803 bis 813 den Bistumsaufbau begonnen hat. Er steht auf dem Monogramm Karls des Großen mit den Buchstaben KRLS (= Karolus, wobei die Vokale entfallen; der Schreiber hatte das königliche Monogramm vorgeschrieben, das dann von Karl mit dem goldenen Strich, dem sog. Vollzugsstrich, in der Mitte unterzeichnet wurde). Karl der Große hatte in seinem Reich alle Klöster auf die Regel des hl. Benedikt verpflichtet. Minden gehörte damals zum Missionsgebiet des Benediktinerklosters in Fulda. Schon seit 785 war Erkanbert als Missionar bei den Sachsen tätig. Der Bischof kehrte 813 wieder in sein Kloster nach Fulda zurück († 830). Nach ihm haben noch weitere 59 Bischöfe bis zur Auflösung des Bistums 1648 in Minden residiert. Später haben sich auch in Minden die Benediktiner niedergelassen und lange Zeit segensreich in der Stadt gewirkt.

Der hl. Gorgonius auf der anderen Seite der Tür steht auf dem Mindener Stadtwappen mit dem Reichsadler und den gekreuzten Schlüsseln. Sein Leben wurde an anderer Stelle beschrieben. Er ist der Hauptpatron des Domes.

Der Dom war in den Augen der Baumeister und Gläubigen ein Abbild des Himmels. Gott ist aus dem Himmel gekommen und durch Maria wie durch eine Pforte in die Welt eingetreten; darum steht sie oft am Eingang einer Kirche. Maria ist auch umgekehrt die Pforte, durch die wir zu Gott gehen können. Alle marianisch gestalteten Kirchenportale des Mittelalters haben in Maria die „porta coeli" (Pforte des Himmels, lauretanische Litanei) gesehen. Die Frau, die uns das ewige Wort geboren hat, führt uns auch in das Geheimnis Gottes hinein.

Bischofsportal von innen (1230-1250)
Madonna mit Kind, Original.

Emerentiagruppe

Wer durch die Bretagne fährt und dort die Kirchen besucht, stößt immer wieder in Figuren und Bildern auf ein Motiv: Mutter Anna sitzt auf einem Stuhl, und neben ihr steht ihre Tochter Maria. Die Mutter hält dem Kind ein Buch hin, in dem es liest. Viele Betrachter sehen in dieser Darstellung, wie Maria das Lesen beigebracht wird. Überzeugender noch ist der Hinweis auf das Buch der Tora, die fünf Bücher Mose. Die Mutter Anna gibt an ihre Tochter Maria den Glauben ihrer Väter weiter.

In der Kunstgeschichte begegnen wir häufig Skulpturen, in denen mehrere Generationen dargestellt sind. Meistens begegnet uns Maria mit ihrem Kind. Häufig aber finden wir auch die Anna selbdritt: Anna, Maria und Jesus. „Selb" ist ein mittelhochdeutsches Wort und heißt „zu", also „Anna zu dritt". Ahnenreihen waren bei den Juden sehr wichtig; sie spielen auch in der Bibel eine Rolle. Die in ihr abgedruckten Namenslisten geben Zeugnis von Gottes heilschaffendem Wirken durch die Zeiten hindurch. Von besonderer Bedeutung ist der Stammbaum Jesu. Den Verfassern der Bibel ging es weniger um historische als vielmehr um heilsgeschichtliche Aussagen. Matthäus leitet mit dem Stammbaum Jesu (Mt 1,1-17) sein Evangelium ein, und Lukas feiert in dem von ihm aufgeschriebenen Stammbaum Jesus als den Beginn einer neuen Menschheit (Lk 3,23-38).

Auch im Mindener Dom ist in kleinen Stammbäumen diese Form der Glaubensweitergabe dargestellt. Im Matthiasaltar (1500) finden wir in der oberen Reihe rechts neben dem hl. Matthias eine Anna selbdritt, bei der die Mutter Anna sowohl Maria als auch Jesus auf ihren Armen trägt. Auffallend ist der geringe Alters- und Größenunterschied zwischen Maria und Jesus.

Anna hat lange auf ihr Kind warten müssen. Weil viele Mütter sich in ähnlicher Lage befinden, begann im Mittelalter verstärkt ihre Verehrung.

Von besonderer Seltenheit ist die Emerentiagruppe (1520) im sog. Eselsrücken, auch Anna selbviert genannt. Der Eselsrücken begegnet uns manchmal in alten Kirchen als gotische Seitennische. In unserer Gegend wurde sie häufig am Karfreitag als Grab Christi verwandt. In diesem Eselsrücken des Mindener Domes steht ein bemerkenswertes Bildwerk aus Lindenholz. Es umfaßt nicht nur drei wie bei der Anna selbdritt, sondern sogar vier Generationen: Maria, ihre Mutter Anna und ihre legendäre Großmutter Emerentia, die dieser Gruppe den Namen gegeben hat. Leider ist das Kind Jesus – wie auch in vielen Menschenherzen – verlorengegangen. Das unterschiedliche Alter der Personen ist durch die Gewandung gekennzeichnet. Am Beginn des 16. Jahrhunderts ist der Emerentia-Kult entstanden. Die Skulptur stammt aus der Werkstatt des nach einem Altar benannten „Benediktmeisters" in Hildesheim. Mutter Anna hat wieder ein Buch in der Hand. Die alte Emerentia steht gebeugt hinter den beiden Frauen. Nur bei Maria sind die Haare frei gegeben, bei den anderen sind sie durch die Haube bedeckt. Der farbige und üppige Faltenwurf der Kleider fließt ineinander, so daß die beiden sitzenden Frauen und die stehende Emerentia zu einer Einheit verschmelzen. Die Gesichter der drei Personen könnte man lange betrachten. Obwohl sie Unterschiedliches aussagen, ist ihr Blick auf das Kind gerichtet, das Maria ursprünglich in ihren Händen gehalten hat. Weitergabe des Glaubens geschieht von Generation zu Generation. Das hier fehlende Kind ist der Ursprung unseres christlichen Glaubens.

Emerentiagruppe (1520)

Frühgotische Wandmalerei

Der vordere südliche Vierungspfeiler ist besonders schön gestaltet. Vor ihm hat früher ein Altar gestanden, dem das darüber liegende Marienfresko als Retabel gedient hat.

Es handelt sich um die ältesten gotischen Wandmalereien auf westfälischem Boden; sie zählen zu dem Besten, was Westfalen an gotischer Wandmalerei besitzt. Letzte Nachklänge des spätromanischen Formengutes vermischen sich mit den neuen Zügen des gotischen Stiles. Das architektonische Rahmenwerk stammt teilweise noch aus dem Formenschatz der Spätromanik; die zierliche, schwerelose, feinfühlige Zeichnung der Figuren verrät den neuen Stilwillen. Diese Übergangszeit macht die Mindener Wandmalerei unverwechselbar. In Westfalen gibt es kein Werk, das mit diesem Fresko vergleichbar wäre.

Bei einem Fresko handelt es sich um Wandmalerei, die angebracht wird, solange der Wandbewurf noch frisch (fresco = naß) ist. Auf dem feuchten Kalkbewurf wird ohne Bindemittel mit Wasserfarben gemalt. In einem chemischen Prozeß verbinden sich beim Trocknen die Farben mit dem Putz. Von dem Künstler wird großes Können verlangt, weil er mit einer raschen Hand malen muß. Bei seiner Tätigkeit ist zu berücksichtigen, daß die Farben auf der nassen Fläche dunkler wirken und sich mit dem Trocknen aufhellen. Romanische Wandmalerei hat sich fast ganz auf Figuren beschränkt, sie lebt weniger aus der Farbe, sondern mehr aus der Linie. Da alles Beiwerk als nebensächlich und ablenkend betrachtet wird, gibt es keine Perspektive, keine Raumillusion. Das Göttliche soll in seiner Erhabenheit dargestellt werden.

Das Fresko im Dom ist um 1280 zu datieren, als die Halle unter Bischof Volkwin vollendet wurde. In zwei Reihen übereinander sind unter Säulenarkaden acht Heilige dargestellt die sich einander zuwenden; sie können entweder durch Inschriften oder durch Heiligenattribute identifiziert werden. Die Baldachine in der oberen Reihe, die unter einem Fries stehen, sind abgerundet, die in der unteren haben eine Giebelschräge, die mit Krabben versehen ist. Dazwischen befinden sich oben Pflanzen, unten Bauten und Türme.

Oben links steht Johannes der Täufer mit dem Spruchband „Ecce agnus dei", daneben der hl. Petrus mit dem Schlüssel. An seiner ritterlichen Tracht mit der Lanze in der rechten Hand ist der hl. Gorgonius erkennbar, so daß die beiden Patrone des Domes – Petrus und Gorgonius – in der Mitte der oberen Reihe plaziert sind. Die Heilige an der rechten Seite ist nicht genau zu identifizieren. Wahrscheinlich ist es die hl. Elisabeth († 1231), die in die Fußspuren des hl. Franziskus († 1226) eingetreten ist. Darum steht sie im Fresco über ihm.

Unten links ist der hl. Nikolaus mit seinem Bischofsstab erkennbar. In der Altstadt von Minden existierte im Mittelalter ein Hospiz St. Nikolai (die heutige Wärmestube), so daß dieser Heilige möglicherweise hier wegen der Weser besondere Verehrung genoß. Neben ihm steht die hl. Katharina, am Folterwerkzeug des Rades zu erkennen. Der daneben abgebildete Bartholomäus ist – wie auch im Mathiasaltar – durch das Schermesser zu identifizieren. Auf den hl. Franziskus wird an anderer Stelle hingewiesen.

Es ist anzunehmen dass die Kirche in Minden zu allen acht Heiligen eine besondere Beziehung hatte. Wahrscheinlich erfreuten sie sich in dieser Gegend einer speziellen Verehrung. Vielleicht haben die beiden äußeren Figuren der oberen Reihe Johannes der Täufer und – wie einige vermuten – die Mutter Anna, von der in Minden eine Armreliquie aufbewahrt wurde, den inneren Zusammenhang des unteren Bildes mit der darüber stehenden Madonna mit Kind geschaffen. Wahrscheinlicher ist, dass die rechte Person die heilige Elisabeth darstellt, die dem heiligen Franziskus in seiner großen Liebe zur Armut nachfolgen wollte.

Frühgotische Wandmalerei (1280)

Maria und ihr Dom

Über dem Heiligenfresko befindet sich ein überlebensgroßes Marienbild mit einem aufrecht auf dem Arm sitzenden Jesus. Das Kind, das die linke Hand auf die Weltkugel legt, die sich in der Hand der Mutter befindet, hat die drei Finger der rechten Hand zum Segen erhoben. Maria steht unter einem reichgestalteten Baldachin und trägt eine Krone. Die Architektur war ursprünglich mit Glasflüssen und Steinschmuck verziert. Auch dieses Marienfresko aus der Zeit frühgotischer Wandmalerei zählte zu dem Schönsten, was Westfalen besaß.

Bischof Volkwin (1275-1293) soll nach der Fertigstellung der herrlichen Maßwerkfenster erblindet sein. Durch die Mitwirkung seines medizinkundigen Beichtvaters und Dominikanermönches Borchardt Hyddinge erhielt er jedoch seine Sehkraft zurück. Aus Dankbarkeit ließ der Bischof an dieser Stelle einen Marienaltar mit dem Marienfresko errichten. Der Mindener Geschichtsschreiber und Dominikaner Hermann von Lerbeck (1345-1415) aus dem Kloster St. Pauli berichtet als Augenzeuge, daß viele Augenleidende und Blinde vor diesem Marienaltar Hilfe und Heilung gefunden hätten.

Vielleicht hat auch die aus Minden stammende Ordensstifterin der Schwestern der Christlichen Liebe, die selige Pauline von Mallinckrodt (1817-1881), die häufig vor diesem Altar gebetet hat, hier ihre Berufung für die blinden Menschen erfahren.

Nicht nur die Blinden, auch die Sehenden werden mit Bartimäus immer wieder bitten: „Herr, ich möchte sehen können" (Mk 10,51).

Der Titel „Maria und ihr Dom" verlangt, noch genauer hinzusehen und nach dem marianischen Ausdruck dieser Kirche zu forschen. Auf der Südseite springt eine Marienfigur (1280) ins Auge, die durch die Zerstörung im 2. Weltkrieg stark beschädigt wurde. Geblieben aber ist uns ein wunderschönes, liebliches Gesicht, mit einem verschmitzten Lächeln auf den Lippen. Die Krone mit Arkantusblättern, Kopftuch, schulterlanges Haar und der

Marienfresko (1280)

Marientorso (1280)

Faltenwurf des Gewandes, der mit der linken Hand gehalten wird, sind kunstvoll gestaltet.
Neben der neuen Goldenen Tafel stehen weitere Marienfiguren im Dom. Die vielfachen Darstellungen weisen darauf hin, was den mittelalterlichen Menschen Maria bedeutet hat. Sie haben sogar einem ganzen Dom ein „ Mariengesicht" gegeben. Wenn man die Grundstruktur der Halle untersucht und in Dreiecke zerlegt, entdeckt man auf dem Boden einen sechsstrahligen Stern, der ein klassisches Mariensymbol darstellt. Über diesem Marienstern wölbt sich der Raum wie ein Leib, in dem der Erlöser lebt. Auch alle Rosen in den Maßwerkfenstern sind Hinweise auf Maria.
Wer Maria begegnet, begegnet auch Christus; denn Maria ist der Weg, der uns zu ihrem Sohne führt.

Gott ist wunderbar in seinen Heiligen

Matthiasaltar

Unter dem Mindener Heiligenfenster steht ein hochgotischer Heiligenaltar (um 1500). Heiligendarstellungen sind aus der mittelalterlichen Kunst nicht wegzudenken. Sogar kritische Geister haben ihnen positiv gegenübergestanden. „Die Natur macht keine Sprünge; aber wenn ein echter Heiliger auftaucht, macht sie einen Freudensprung" (Friedrich Nietzsche). Jeder Heilige ist ein Geschenk Gottes an die Welt, ein Vorbild für die Pilger auf ihrem Weg zu Gott, ein Impuls zur Menschwerdung des Menschen.

Häufig wurden die Heiligen in die Nähe des Altares gerückt. Als Zeugen des Lebens (Märtyrer) sollten sie die heilige Eucharistie mitfeiern. Flügelaltäre wurden konstruiert, um je nach den Ereignissen des Kirchenjahres biblische Szenen oder Heilige in den Vordergrund zu stellen. Es gibt auch „ortsansässige" Heilige, die in bestimmten Gegenden besonders verehrt werden; auch sie erscheinen häufig im Altarraum und feiern den Gottesdienst zusammen mit der Gemeinde, mit der sie verbunden sind.

Die Hauptfigur des Flügelaltares unter dem Heiligenfenster ist der hl. Matthias. Daß er im Mindener Dom auftaucht, zeugt von der engen mittelalterlichen Beziehung des Bistums Minden zum Bistum Trier, wo er begraben liegt. Als Apostel, der durch

Matthiasaltar (1500)

Anna selbdritt aus dem Matthiasaltar

das Los zum Nachfolger des Judas in das Kollegium aufgenommen worden war, trägt er das Evangelienbuch. Sein Obergewand ist wie der Hintergrund aus Gold – Zeichen des Göttlichen. Auch alle anderen Heiligen in diesem Altar tragen goldene Kleidung und befinden sich vor einer goldgrundigen Fläche; allerdings sind nur die Hauptheiligen in der Mitte in einen gotischen Kapellenraum gestellt. Alle Figuren stehen auf einem Sockel, während über ihnen feingliedriges Rankenwerk mit Blüten zu sehen ist. Matthias trägt in seiner rechten Hand eine Lanze, die das Werkzeug andeutet, mit dem er gemartert wurde.

Neben dem Apostel Matthias stehen zwölf Heilige. In der oberen Reihe befinden sich von links nach rechts der hl. Rochus, der als Pestpatron verehrt wird und zum Zeichen eigener Erkrankung mit der offenen Kleidung dargestellt ist, daneben der Evangelist Markus, mit Buch und Schreibgerät abgebildet. Links vom Apostel Matthias befindet sich Maria mit ihrem Kind, das mit erhobenem Bein und der Weltkugel in der Hand keck auf ihrem Arm steht. Sie selbst erhebt sich über der Mondsichel. Auf der anderen Seite begegnet uns eine Anna selbdritt, wobei bemerkenswert ist, daß die Mutter Anna ihre Tochter Maria und ihr Enkelkind auf den Armen trägt. Der Altersunterschied zwischen Maria und ihrem Sohn ist sehr gering. Daneben steht Johannes, der Evangelist, der an dem Kelch in seiner linken Hand erkennbar ist. Das Kelch-Attribut symbolisiert einen Vergiftungsversuch, den eine aus dem Kelch züngelnde Schlange anzeigt. Johannes ist Verfasser des vierten Evangeliums, dreier Briefe und der Geheimen Offenbarung.

Ganz rechts ist der hl. Laurentius mit dem eisernen Rost abgebildet, auf dem der junge Diakon und Märtyrer der Legende nach gebraten wurde. Als Freund der Armen war er einer der im Mittelalter sehr beliebten Heiligen. Er ist ein Nebenpatron des Mindener Domes und in liturgischer Kleidung mit einem Evangelienbuch in der linken Hand dargestellt.

In der unteren Reihe links steht der hl. Sebaldus, der fast immer als Pilger mit Mantel und Hut dem Betrachter begegnet. In seinen Händen trägt er das Kirchenmodell von St. Sebaldus in Nürnberg. Der hl. Andreas rechts daneben ist am Andreaskreuz leicht zu erkennen. Neben der Hauptfigur stehen die Apostel Petrus mit Schlüssel und Buch und Paulus mit dem Schwert, mit dem er enthauptet wurde, und einem Buch in der linken Hand. An seiner Seite befindet sich der Apostel Bartholomäus, der in der linken Hand ein Buch trägt. In der rechten hält er ein Messer, mit dem man ihm bei lebendigem Leibe die Haut abgezogen haben soll. Ganz rechts ist der hl. Norbert von Xanten dargestellt, der an seiner Tonsur als Mönch erkennbar ist. Er gilt als Gründer des Prämonstratenserordens in Prémontré (Frankreich). Oft ist dieser Heilige, der 1126 Erzbischof von Magdeburg wurde, mit einem Kelch abgebildet.

Heilige sind Menschen, durch die Gott hindurchscheint. Wer ihre Lebensgeschichten studiert, ist beeindruckt von ihrer Treue zu Christus. Aber keiner von ihnen konnte aus eigener Kraft zum überragenden Glaubenszeugen werden. Sie alle sind ein Lobgesang auf die göttliche Gnade. „Gott ist eben wunderbar in seinen Heiligen" (Ps 67).

Hl. Laurentius aus dem Matthiasaltar

Hl. Antonius – hl. Josef – selige Pauline von Mallinckrodt

Die Zeit der Heiligen, die nicht wegen ihrer Leistung, sondern wegen ihrer Liebe zu Gott und den Menschen heiliggesprochen wurden, ist nicht vorbei. Viele Gläubige zeigen denen, denen sie besonders vertrauen, ihre Zuneigung und Dankbarkeit.

Einer dieser Freunde der Menschen, zu dem viele Christen ihre Sorgen und Nöte tragen, ist der hl. Antonius. Im südlichen Querhaus ist an der Westseite eine Figur aus Holz aufgestellt (um 1700), die an die Ausstattung des Domes mit Heiligenfiguren aus der Barockzeit erinnert. Der Heilige begegnet dem Betrachter im liturgischen Gewand des Franziskanerordens mit einer langen Stola; in seiner linken Hand hält er das Jesuskind, in seiner rechten eine Lilie. Die Lilie ist neben der Rose die beliebteste christliche Symbol-Blume, wahrscheinlich auch, weil Jesus auf die „Lilien auf dem Felde" (Mt 6,18) als Sinnbild des Vertrauens zu Gott hingewiesen hat. Sie ist auch Zeichen einer reinen Seele. Während seines Bibelstudiums soll dem hl. Antonius das Jesuskind erschienen sein, so daß er oft mit dem Kind auf dem Arm dargestellt wird. Antonius wurde 1195 in Lissabon geboren und gehört zu den besonders volkstümlichen Heiligen.

Hl. Antonius mit Kind (um 1700)

Hl. Josef mit Kind (um 1700)

Immer brennen vor dieser Figur Kerzen; sie sind Zeichen für das Vertrauen, das dem Apostel der Armen entgegengebracht wird. Zuletzt lebte und predigte er in Padua, wo er 1231 starb.
Auch die Figur des hl. Josef, die am Eingang zur Betkapelle aufgestellt ist, stammt aus der Barockzeit (um 1700). Der Heilige trägt – wie in den meisten Darstellungen – das Jesuskind auf seinem Arm. Die einander zugewandten Gesichter zeigen, wie das Kind sich der Obhut seines Nährvaters anvertraut. Die Verehrung des Bräutigams Mariens gelangte zum Höhepunkt, als er zum Schutzpatron der ganzen Kirche durch Papst Pius IX. 1870 erhoben wurde. Papst Pius XII. führte 1955 das Fest „Josef der Arbeiter", das am 1. Mai begangen wird, ein. Der hl. Josef, dessen Name sehr verbreitet ist, gehört zu den meistverehrten Heiligen der Kirche.
An der Südseite des Hauptschiffes steht in einer Nische die Figur der seligen Pauline von Mallinckrodt. Pauline wurde 1817 in Minden geboren und hat oft im Dom gebetet. Die Bronzefigur, die eine Nachbildung einer Holzplastik am Chorgestühl im Paderborner Dom ist (Heinrich Gerhard Bücker, Vellern bei Beckum), stellt die Selige als Ordensfrau mit einem Rosenkranz in ihren Händen dar. Pauline ist die Gründerin der Kongregation der „Schwestern der Christlichen Liebe"; auch in ihrer Heimatstadt Minden besteht seit vielen Jahren eine Niederlassung. 1985 wurde Pauline von Papst Johannes Paul II. seliggesprochen. Wegen ihrer Sorge um blinde Menschen wurde sie „Mutter der Blinden" genannt. Als im Kulturkampf 1871 ihr großes Werk in Deutschland zerschlagen wurde, ging sie ins Ausland, vor allem nach Übersee, und gründete an vielen Stellen der Welt neue Niederlassungen, die sich die Betreuung von Blinden und Waisen und die Bildung junger Menschen zum Ziele setzten. Pauline hatte einen evangelischen Vater; darum war ihr Interesse besonders auf die Einheit der Kirche gerichtet. Sie starb 1881 in Paderborn und hat in der Conraduskapelle im Garten des Mutterhauses ihre letzte Ruhestätte gefunden. Auf ihrem Grab stehen die Worte Jesu aus dem Hohenpriesterlichen Gebet: „Heiliger Vater, erhalte sie in deinem Namen, den du mir gegeben hast, damit sie eins seien, wie wir es sind" (Joh 17,11). Schon am Ende des 19. Jahrhunderts war die Sehnsucht nach der Einheit der getrennten Christen das Vermächtnis der seligen Pauline.

Selige Pauline von Mallinckrodt (1985)

Zwei Gesichter

Das menschliche Leben ist wirklich keine Spielerei. Zu sehr drücken Not und Angst, Sorgen, Leid und Tod. Viele Menschen gehen deshalb gebeugt und mit traurigem Gesicht durch die Welt. Bei jeder Begegnung mit ihnen spürt man die Last, die sie zu tragen haben. Manche von ihnen sind nicht bereit, das Paket anzunehmen, das ihnen das Leben aufgebürdet hat.

Jesus hat seine Hörer eingeladen, das Kreuz auf sich zu nehmen und es zu tragen (Mt 16,24). Er hat keineswegs den Menschen die Lasten abgenommen; er hat die Not auch nicht bagatellisiert. Jeder Mensch ohne Ausnahme muß das ihm auferlegte Kreuz tragen. Jesus hat es insofern erleichtert, als er dazu aufforderte, es aus Liebe zu Gott anzunehmen. „Du verwandelst nur, was du annimmst" (C. G. Jung). Nur wer dazu bereit ist, wird frei; er kann wieder fröhlich sein und sein Leben bewältigen.

Diese unterschiedlichen Möglichkeiten des Kreuztragens werden den Besuchern des Mindener Domes in den beiden in Stein gehauenen Gesichtern an den Innenseiten der hinteren Vierungspfeiler vor Augen geführt (um 1270). Die zwei Gesichter schauen sich an, auf der Südseite der bedrückte, auf der Nordseite der fröhliche Mensch. Beide tragen die gleichen Lasten; über ihnen steht eine schwere steinerne Säule, die das massive Gewölbe des Vierungsraumes zu tragen hat. Die zwei Köpfe, die sich unter dem Fuß der Säulen befinden, werden von dem Gewicht fast zerquetscht. Beide teilen dasselbe Schicksal; keiner hat gegenüber dem anderen einen Vorteil. Und doch ist ihre Lebenseinstellung grundverschieden. Der Kopf auf der Südseite hat sich mit einem schützenden Tuch umgeben, das den Druck der Säule abfangen soll. Sein Gesicht ist schmerzverzerrt; er ist verzweifelt und weiß nicht, wie er diese Last ertragen und aushalten soll. Augen, Nase und Mund verraten seine ausweglose Situation. Die Ohren kommen aus dem Kopftuch heraus und sind seltsam verdreht. Dieser Kopf möchte seine Säulenlast abwerfen; er bleibt aber wie ein Gefangener unter dem Stiefel des Siegers. Er ist der Narr mit Katzenohren und Kapuze.

Das Gesicht auf der Nordseite ist völlig anders. Obwohl auch dieser Mensch in gleicher Weise die Last der Säule zu tragen hat, obwohl auch er zwischen schweren steinernen Platten eingezwängt ist, ist sein Gesicht locker und fröhlich. Anstelle eines schützenden Kopftuches fällt das wallende Haar auf seine Schultern. Augen, Mund und Nase zeugen von Zufriedenheit und Glück. Dieses Gesicht drückt nicht das Verlangen aus, die Last abwerfen zu wollen. Es scheint das Wort Jesu begriffen zu haben: „Wer sein Leben um meinetwillen verliert, wird es gewinnen" (Mt 10,39). So unterschiedlich können die „Dienste" in der Architektur ihre tragende Rolle verstehen. Die Besucher des Gottesdienstes, die mit Sorgen und Nöten belastet sind, gehen an diesen beiden Gesichtern vorbei. Das eine rät: „Wirf deine Not weg, damit du glücklich wirst!" Dieser Rat aber nützt nichts, denn die Säule der Not ist nicht zu bewegen. Das andere Gesicht empfiehlt: „Nimm dein Kreuz an; dann kannst du leben!" Unglaublich! Dieses Gesicht hat recht. Es bestätigt das Wort Jesu: „Mein Joch drückt nicht, und meine Last ist leicht" (Mt 11,30).

Wer ist ein Heiliger?

Mindener Heiligenfenster

Heilige sind Menschen, die in ihrer Zeit von Gott für irgendeinen Dienst in der Welt angesprochen wurden; sie haben auf den Anruf Gottes gehört und darauf positiv reagiert. Heilige sind weder komische Menschen noch Superstars, sondern Christen, die in ihrem Leben etwas von dem aufleuchten lassen, was hinter dieser Welt liegt. In ihrer Menschlichkeit sind sie Zeugen und Vorbilder des Glaubens. Sie haben die Berufung zur Liebe gegenüber Gott und den Menschen angenommen und nach dem Evangelium zu leben versucht. Wer allerdings so handelt, gerät mit den gängigen Trends seiner Zeit in Konflikt; er wird Glied einer Kontrastgesellschaft, die als Gewissen der Welt höchste Bedeutung hat.

Obwohl viele Menschen heilig sind, hat die Kirche doch immer einige Personen besonders herausgestellt. Es waren diejenigen, die berufen waren, in ihrer Zeit einen Gedanken des Evangeliums besonders hervorzuheben. So war es auch im Bistum Minden, das neun Heilige hervorgebracht hat. Im südlichen Querhaus unseres Domes sind sie im Mindener Heiligenfenster abgebildet; sie werden auch im Mindener Meßbuch genannt. Über ihnen wird im Dreipaß des Maßwerkes mit der Hand des Vaters, dem Kreuz des Sohnes und der Taube des Hl. Geistes die Heiligste Dreifaltigkeit gezeigt, die von fünf Engeln umgeben ist, die ihre Hände zum Gebet ausgebreitet haben. Auch die dargestellten Mindener Heiligen sind auf den dreifaltigen Gott ausgerichtet.

In der linken Hälfte ganz unten steht der hl. Gorgonius († 303), der Patron des Domes, der uns mit seinem Leben und Sterben die Treue zum Glauben lehrt. Links über ihm ist die Klausnerin und Äbtissin Tietwif (994) abgebildet. Sie hat zunächst im Kloster auf dem Wittekindsberg gelebt, das aber schon bald als „Frauenstift St. Marien" nach Minden verlegt wurde. Über dem hl. Gorgonius steht Bischof Helmward (950-958) mit dem Modell des von ihm erbauten und 952 geweihten neuen Domes in der Hand. In der nächsten Reihe rechts daneben sehen wir unten Erkanbert (803-813), den ersten Bischof des Bistums Minden, darüber Bischof Dietmar (1185-1206), den Begründer der Johanniskirche. In der rechten Fensterhälfte steht unten der Diakon Meimelf, über ihm Bischof Hardward (830-853), daneben Bischof Theoderich, der im Kampf gegen die Normannen 880 bei Ebsdorf in der Nähe von Hamburg gefallen ist. Rechts von ihm ist Bischof Bruno (1036-1055) am Modell des Benediktinerklosters St. Mauritius erkennbar. Unten rechts sind die Bildnisse Karls des Großen und seines Gegenspielers Widukind, der sich später taufen ließ.

Mindener Heiligenfenster (um 1340)
Verglasung von Vinzenz Pieper (Berlin), 1957

Reliquiengräber und Reliquiare

Für die Christen sind die Toten nicht tot. Weil die zentrale Botschaft Jesu sich auf die Auferstehung und das Leben bezieht, hat sie von Anfang an die Verstorbenen, vor allem auch die Heiligen und Märtyrer, in ihre Betrachtung einbezogen. Schon die junge Kirche hat auf ihren Gräbern die heilige Eucharistie gefeiert. Bis heute ist diese Praxis in allen katholischen Kirchen erhalten; in jedem Altar befindet sich ein Sepulcrum (Grab) mit den Reliquien von Heiligen. Die Märtyrer (MARTYS = Zeuge) waren nicht Zeugen des Todes, sondern des Lebens und Wegweiser zu Gott. Ihre Gebeine (Reliquien) waren für die Christen nicht End-, sondern immer Durchgangsstation; sie sollten den Glauben des pilgernden Gottesvolkes stärken.

Im Mittelalter haben die Christen bei der Missionierung der Heiden die Heiligen und Märtyrer bewußt in ihre Mitte geholt; sie sollten ihnen bei der Bekehrung der Menschen helfen. Aus diesem Grunde kamen bei der Missionierung der Sachsen einige Gebeine des hl. Gorgonius 952 vom Benediktinerkloster Gorze bei Metz nach Minden.

Im Dom befinden sich neben dem Sepulcrum im Altar zwei Reliquiengräber in den beiden Seitennischen des Heilig-Geist-Altares im nördlichen Querhaus. Hier sind viele kleine Überreste von Heiligen, die nach der Zerstörung 1945 gesammelt wurden, würdig beigesetzt. Beide Gräber sind mit Bronzeplatten (Elmar Hillebrand, 1996) verschlossen, die mit fünfblättrigen Pflanzenornamenten jeweils unter einem Bogen verziert sind. Das Blattwerk ist Hinweis auf das Leben.

Das linke Gitter trägt die Aufschrift: „Wie ihr seid, waren wir; wie wir sind, werdet ihr." Diese Botschaft der Verstorbenen macht nachdenklich. Die Gebeine sagen uns: Auch wir haben einmal so wie ihr im Leben gestanden; auch wir haben nach Reichtum und Glück gesucht. Aber laßt euch nicht blenden von dem, was die Welt euch verspricht. Ihr werdet sein wie wir: zerfallen, Staub, wertlos. Die Menschen gehen an euch vorüber – gedankenlos; bald haben sie auch euch vergessen.

Auf dem rechten Bronzegitter stehen die Worte: „Wenn wir mit Christus gestorben sind, werden wir auch mit ihm leben" (2 Tim 2,11). Hier wird die Botschaft der Verstorbenen erweitert: Auch wenn ihr zu Staub verfallt, bedeutet das kein Ende, keinen Untergang, keine Vernichtung. Eure Zukunft hängt davon ab, ob ihr ein Leben mit Gott führt. Wenn ihr Christus nachfolgt, dann werdet ihr nicht im Tode verbleiben, sondern mit ihm auferstehen und leben. Gott wird euch nicht vergessen.

In der Domschatzkammer befinden sich neben liturgischen Geräten auch kostbare Reliquiare, in denen die Gebeine der Heiligen aufbewahrt und verehrt wurden. Hinter diesen Kunstwerken haben immer gläubige Künstler und Gemeinden gestanden. Aus dem Reichtum der Mindener Domschatzkammer sollen wenigstens drei Reliquiare vorgestellt werden.

Der Reliquienarm der heiligen Margareta stammt aus der romanischen Zeit (11. Jahrhundert). Es handelt sich vermutlich um die Schenkung einer Reliquie der heiligen Margareta zur Wiederweihe des neuen Domes 1072, für die dieses Reliquiar erstellt wurde. Der Reliquienarm ist von großer Strenge, aber mit vergoldeter Filigranarbeit und wertvollen Steinen geziert. Die Heilige ist eine der 14 Nothelferinnen und wurde als Schützerin gegen Wasserfluten im hiesigen Weserraum stark verehrt.

Der Valerienschrein (1220-1230) stammt aus Limoges, wo im Mittelalter bekannte Kunstwerkstätten existierten und eine herausragende Emailkunst entwickelt worden war. Auf einem kastenförmigen Schrein mit Satteldach wird das Martyrium der heiligen Valeria dargestellt, deren Verehrung sich in dieser Zeit ausgeweitet hat.

Aus dem 14. Jahrhundert (1330-1340) stammt ein Reliquienschrein mit Giebeldach, der 1825 aus dem Damenstift Schildesche nach Minden gekommen war. In den Dachfeldern sind an der einen Seite die klugen, an der anderen die törichten Jungfrauen dargestellt. Die klugen Jungfrauen, die von der Ecclesia angeführt werden, tragen ihre sichtbaren Lampen nach oben, die törichten, angeführt von der Synagoge, nach unten. Neben Reliquien verschiedener Heiliger sollen in diesem Schrein vor allem die des heiligen Johannes des Täufers aufbewahrt worden sein. Die Stiftskirche war diesem Heiligen als Patron geweiht.

Obwohl die Verstorbenen nicht mehr sprechen können, haben sie uns doch viel zu sagen. Sie mahnen uns, auf dieser Erde mit Gott verbunden zu bleiben, und sie versprechen uns das ewige Leben in der Herrlichkeit des Himmels. In diesem Glauben betet die Kirche an jedem Abend in der Komplet: „In deine Hände lege ich mein Leben."

Reliquienschrein aus Schildesche, Domschatzkammer (1330-1340)

Valerienschrein, Domschatzkammer (1220-1230)

Reliquienarm der hl. Margarete, Domschatzkammer (11. Jahrh.)

Zwei Figuren

In jedem Menschen steckt die Sehnsucht nach Heil. Er spürt, daß diese gegenwärtige Welt nicht das Letzte und Endgültige sein kann. Zu sehr herrschen in ihr Unterdrückung, Ungerechtigkeit und Unfreiheit. Der Mensch weiß aber auch, daß er – trotz seiner Verpflichtung zu Güte und Liebe – sich nicht selbst retten kann. „Ich weiß, daß mein Erlöser lebt" (Ijob 19,25), hat der fromme Jude voller Vertrauen und mit unerschütterlicher Hoffnung bekannt. Gott hat diese Erwartung auf den Retter nicht enttäuscht. „Als die Zeit erfüllt war, sandte Gott seinen Sohn" (Gal 4,4).

Der Sohn aber hat einen unbeschreiblichen Respekt vor der menschlichen Freiheit. Niemand wird gezwungen, das Heil anzunehmen. Jeder darf selbst entscheiden, ob er sich in die herrliche Freiheit der Kinder Gottes begibt oder ob er der Welt verhaftet bleibt. So ordnen sich die Menschen in die Schar der Erlösten oder Unerlösten ein.

Dieser Zustand ist eindrucksvoll in zwei Figuren des Domes dargestellt. Sie befinden sich als Konsolen an der Westwand rechts und links von der Orgel. Das südliche Dienstbündel beschreibt den Menschen, der seine Chance verspielt hat. Er befindet

Der verzweifelte Mensch (1250-1260)

sich als eine winzige Figur unter einer Säule, die ihn zu erdrücken droht. Der Mann kann schon nicht mehr aufrecht stehen. Seine schräg gestellten Beine – ohne Sockel – stemmen sich gegen das Gewicht; mit seinen Händen versucht er sich abzustützen. Er ist umgeben von wunderbaren Eichen- und Akanthusblättern, in Goldfarben gehüllt. Aber die kunstvolle Umgebung kann er nicht mehr genießen. Seine Augen schauen erschrocken; der Mund ist wie zum verzweifelten Schrei weit geöffnet. Die Freiheit, die er auf dieser Erde gesucht hat, ist ihm zum Fluch geworden. Weil er das Angebot Gottes auf Rettung und Heil ausgeschlagen hat, ist er nun hineingezogen in den Auftrag der Dienste, das Himmelsgewölbe des Domes zu tragen.
Auf der anderen Seite befindet sich der erlöste Mensch. Er ist frei stehend dargestellt, nicht streng eingebunden in die architektonische Struktur. Ein junges Mädchen, dessen Kleid nicht wie bei der Figur auf der anderen Seite mit einem Gürtel gehalten ist, zeigt der Welt durch ihren körperlichen Ausdruck ihre Freiheit und Ungebundenheit. Der breite, lächelnde Mund verrät ein wenig verschmitzt das Glück eines Menschen, der sich für Gott und gegen das Böse entschieden hat. Die über dem Kopf zusammengefügten Hände zeigen, wie sorglos sich ein Mensch der Welt ausliefern kann, der keine Gewalt zu fürchten und alle Angst überwunden hat. Dieses junge Mädchen mit dem Reif am rechten Unterarm genießt das Glück eines erlösten Menschen. Durch den Baldachin über seinem Haupt und durch die blumengeschmückte Konsole, auf der es steht, wird die Ehre gezeigt, die Gott selbst ihm erweist. Der Künstler hat wohl mit Absicht ein junges Mädchen ausgewählt, um an ihm „die Herrlichkeit der Kinder Gottes" (Röm 8,21) deutlich zu machen.
Wenn der Gottesdienstbesucher den Dom verläßt, schaut er noch einmal auf diese beiden Gestalten, die ihn vor die Wahl stellen, sich zwischen Leben und Tod zu entscheiden. „Hiermit lege ich dir heute das Leben und das Glück, den Tod und das Unglück vor. Wenn du auf die Gebote des Herrn hörst, dann wirst du leben. Wenn du aber dein Herz abwendest und nicht hörst, wenn du dich verführen läßt, dich vor anderen Göttern niederwirfst und ihnen dienst, dann werdet ihr ausgetilgt werden. Wähle also das Leben!" (5 Mos 30,15-19).

Der erlöste Mensch (1250-1260)

Synagoge und Ecclesia

Am Eingang des Domes – rechts und links vom Portal im Paradies – stehen zwei Frauengestalten. Leider sind sie beim Bombenangriff auf Minden 1945 stark beschädigt worden, so daß die Antwort auf die Frage noch schwieriger wird: Wer sind diese zwei Frauen?

Dem Künstler, der die beiden Figuren im 13. Jahrhundert in Stein gehauen hat, ging es nicht um die Darstellung konkreter Menschen. Darum verbirgt sich hinter ihnen nicht eine geschichtliche Gestalt, etwa Maria oder eine andere Heilige. Oft wurden im Mittelalter Tugenden oder Begriffe in Personen dargestellt. Wie soll man etwa die Tugend der Gerechtigkeit bildhaft beschreiben? Die Künstler entschieden sich für die Darstellung einer Frau, deren Augen verbunden waren und deren Hände eine Waage hielten. Manchmal ist an Gerichten die Justitia (Gerechtigkeit) in einer solchen Gestalt zu sehen.

Die beiden Frauenfiguren am Eingang des Domes sind Personifikationen der Ecclesia (Kirche) und der Synagoge, also des Judentums. Im Mittelalter wurden sie häufig so dargestellt; am bekanntesten sind wohl die zwei Skulpturen am Straßburger Münster. Überall tritt die Ecclesia als die Siegerin, die Synagoge als die Besiegte auf. Der Synagoge, deren Haupt enttäuscht zur Seite geneigt ist, sind die Augen verbunden, weil sie den Messias nicht erkannt hat. „Was Israel erstrebt, hat nicht das ganze Volk, sondern nur der erwählte Rest erlangt; die übrigen wurden verstockt, wie es in der Schrift heißt: Gott gab ihnen einen Geist der Betäubung, Augen, die nichts sehen, und Ohren, die nichts hören, bis zum heutigen Tag" (Röm 11,7f.). Einige Verse weiter schreibt der hl. Paulus: „Ihre Augen sollen erblinden, so daß sie nichts mehr sehen!" (Röm 11,10). Wahrscheinlich hat auch die an der rechten Seite des Domportals stehende Synagoge – wie viele andere – eine zerbrochene Lanze in ihrer Hand gehalten. Es sollte dadurch zum Ausdruck gebracht werden, daß das Judentum besiegt sei.

Ecclesia (13. Jh.)

Synagoge (13 Jh.)

Die Ecclesia ist immer die strahlende Frau; oft schaut sie stolz oder gar verächtlich auf die unterlegene ältere Gegnerin hinab. Von der Mindener Skulptur aber kann man das nicht sagen. Sie steht aufrecht; in ihrer linken Hand hat sie über dem üppigen Faltenwurf ihres Mantels ein Gefäß getragen, das mit christlichen Symbolen verziert war. Es könnte ein Kelch sein, der auf die hl. Eucharistie hinweisen sollte. Über einem schönen Gesicht, das von wallendem Haar umrahmt wurde, trug sie eine Krone. Der ganze Ausdruck dieser Ecclesia ist Erhabenheit und Sieg.

Wir gehen heute mit Zögern und Vorbehalten an diesen beiden gegensätzlichen Frauengestalten vorbei. Unser Verhältnis zum Judentum hat sich in unserer Zeit grundlegend verändert. Wir erinnern uns daran, daß Jesus, seine Mutter, die Jünger und Apostel Juden waren. Sie entstammten einem großen Volk, dem wir viel verdanken. Das heutige Volk Gottes geht in den Fußstapfen des Volkes Israel. Gott hat zu dem Volk der Juden immer wieder durch die Propheten gesprochen (Hebr 1,1), ihm hat er die Zehn Gebote gegeben, die heute in aller Welt als „Rechtsgrundlage" gelten. Am Haus der Vereinten Nationen ist die Vision des Propheten Isaia von einer Welt des Friedens angeschrieben (Is 2,1-5).

Jesus hat auch immer wieder aus dem Buch seiner Väter zitiert, das wir heute das Alte Testament nennen. Viele Theologen lehnen diesen Titel ab; sie sprechen lieber vom Ersten und Zweiten Testament. Damit soll gesagt werden, daß wir Christen auf den Schultern der Juden stehen; sie sind unsere älteren Schwestern und Brüder. Darum können wir heute die Ecclesia und die Synagoge nicht mehr als Gegensätze betrachten. Die Christen sind ohne die Juden undenkbar.

Das sollte jeder Besucher bedenken, der den Mindener Dom betritt.

Kuhn-Orgel vor der Kaiserloge

Minden war im Mittelalter ein bedeutsames Bistum, das enge Kontakte zu den deutschen Kaisern und Königen hatte. Nach der Überlieferung soll Karl der Große dreimal in Minden gewesen sein. In der Blütezeit des Mittelalters zwischen 772 und 1224 haben fränkische und deutsche Herrscher dreizehnmal der Stadt Besuche abgestattet, unter ihnen Konrad II., Heinrich III. und Heinrich IV. 1377

Kuhn-Orgel (1996)

hat Kaiser Karl IV. auf dem Weg von Prag nach Paris drei Tage in Minden Station gemacht. Es ist anzunehmen, daß sie bei der Mitfeier der Gottesdienste in der Kaiserloge Platz genommen haben, die nach der Zerstörung 1945 wieder freigelegt wurde. Durch die romanischen Arkaden mit ihren wertvollen Kapitellen wurde dem Kaiser ein wunderbarer Blick auf den Altar ermöglicht.

Vor diese historische Loge wurde nach langen Diskussionen innerhalb der Gemeinde die neue Orgel gestellt, die von der Orgelbaufirma Kuhn/Schweiz gebaut und kurz vor dem Weihnachtsfest 1996 durch Weihbischof Hans Leo Drewes (Paderborn) geweiht wurde. Die schwierigen architektonischen Arbeiten, die nicht in das ottonische Mauerwerk eingreifen sollten, wurden durch eine dreiteilige Betonkragkonstruktion gemeistert (Werner Rösner).

Das neue Werk ist eine an Cavaillé-Coll orientierte romantisch-symphonische Orgel, auf der jedoch auch alle anderen Stilrichtungen der Musik interpretiert werden können. Das vordere sichtbare Gehäuse enthält das Hauptwerk, das Oberwerk und rechts und links die Türme des Pedalwerkes. Im hinteren Gehäuse – innerhalb der Kaiserloge – befindet sich das große Schwellwerk, darüber das französische Chamadenwerk und rechts und links ein weiteres Pedalwerk. Die Spieltraktur ist rein mechanisch. Die genannten fünf Werke werden von drei Manualen und Pedal gespielt.

Die Orgel hat 62 Register und 4388 Pfeifen; sie ermöglicht unzählbare Klangkombinationen. Eine Festschrift gibt ausführlich Auskunft über dieses von allen Seiten gelobte Orgelwerk.

„Die Liturgie ist der Höhepunkt, dem das Tun der Kirche zustrebt, und zugleich die Quelle, aus der all ihre Kraft strömt" (2. Vatikanisches Konzil in der „Konstitution über die heilige Liturgie", Nr. 10). Die Orgel soll ganz im Dienst der Liturgie stehen und durch ihren „Klang den Glanz der kirchlichen Zeremonien steigern und die Herzen zu Gott erheben" (Nr. 120).

Die Sprache der Musik wird als „bessere Sprache" bezeichnet, die in besonderer Weise die Gefühle und Sehnsüchte der Menschen zum Ausdruck bringen kann. Andererseits ist die Orgel wie kaum ein anderes Musikinstrument in der Lage, Ewigkeit zu offenbaren. „Singet Gott in euren Herzen Psalmen, Hymnen und Lieder, wie sie der Geist eingibt, denn ihr seid in Gottes Gnade" (Kol 3,16).

Die Orgel sorgt für den sauberen Klang beim gottesdienstlichen Gesang. Als tonangebendes Instrument erinnert sie auch an den „guten Ton" in der Gemeinde, ohne den das Gemeindeleben freudlos und traurig würde. Wer bedenkt, daß die neue Orgel ungefähr so viele Pfeifen hat wie Mitglieder zur Gemeinde gehören, der wird begreifen, welche Verantwortung jeder für den „guten Ton" in ihr hat.

Gott ist der Organist,
wir sind das Orgelwerk.
Sein Geist bläst jedem ein
und gibt zum Ton die Stärk'.
(Angelus Silesius)

Moderne Beichtkammer

Neben der Quadratur, einem Baugesetz vor allem in der romanischen Baukunst, hat ein anderes Gesetz, das der Triangulation, eine Rolle gespielt. Letzteres beruht auf der Verwendung des gleichseitigen Dreiecks zur Festlegung bestimmter konstruktiv wichtiger Punkte im Grundriß eines Gebäudes. Auch im Mindener Dom begegnet uns diese Struktur. Sie wurde in der Aufstellung der Beichtkammern (Dieter G. Baumewerd, Münster, 1995) aufgegriffen und sichtbar gemacht.
Die Betonung der Beichtkammern nach dem Gesetz der Triangel ist gewollt; sie soll die Bedeutung des Bußsakramentes in der Kirche hervorheben. Die aus massiver Eiche (wie auch die Bänke) gearbeiteten Beichtkammern enthalten zwei Räume; den einen für diejenigen, die anonym beichten möchten, den anderen für das offene Beichtgespräch. Gerade hier werden die Erkenntnisse der Psychologie und Psychotherapie aufgenommen, daß man Schuld nicht verschweigen darf, sondern sie aussprechen muß. Die Zahl derer, die das begreifen, wächst; so nutzen immer mehr Beichtwillige das Angebot des offenen Gesprächsraumes. Grundlage für das Sakrament der Buße ist der Umkehrruf Jesu, der ganz im Zentrum seiner Botschaft steht: „Kehrt um, und glaubt an das Evangelium" (Mk 1,15). Weil kein Mensch auf der Erde ohne Schuld ist, gilt dieses Wort auch den „Gerechten". Die Einladung Jesu zielt auf eine Richtungsänderung des Menschen, auf die Abkehr vom Bösen und die Hinwendung zu Gott. Man kann auch sagen: Es geht um eine Umkehr zur Liebe. Mit dieser Umkehr ist das Geschenk eines neuen Anfangs verbunden, das neue Chancen für das Gelingen des Lebens in sich birgt. Neben den vielen Formen der Buße und der Versöhnung hat die sakramentale Buße in der Beichte einen besonderen Rang.
Jesus hat den Aposteln und ihren Nachfolgern den Dienst der Versöhnung übertragen. „Wir sind Gesandte an Christi Statt, und Gott ist es, der durch uns mahnt. ... Laßt euch mit Gott versöhnen" (2 Kor 5,20). Die Kirche darf den Auftrag des Auferstandenen nicht überhören, der jedem Priester im Beichtstuhl gilt: „Empfangt den Heiligen Geist! Wem ihr die Sünden vergebt, dem sind sie vergeben" (Joh 20,22f.). Wo Schuld vor einem Priester verbalisiert wird, sind Lossprechung und Therapie möglich. Beichte ist keine Form der Unterdrückung, sondern ein Akt der Befreiung, der Entlastung, der vollen Aufnahme in die Gemeinschaft. Wo über einem Menschen gesprochen wird, „deine Sünden sind dir vergeben" (Mk 2,5), geschieht Versöhnung mit Gott und den Menschen.

Moderne Beichtkammer (1995)

Betender Mönch

Wer nur für das Geld lebt, „verdient" auch nur das Geld. Alle anderen Schönheiten dieser Welt bleiben ihm verborgen. Solche Menschen wissen nichts von den Reichtümern der Erde, von den Blumen, dem Spiel, der Musik, von Gebet und Gottesdienst. Diese Reichtümer erscheinen der heutigen Welt überflüssig, weil sie nicht unter das Prinzip der Nutzung fallen und keinen Ertrag bringen. Das Immer-mehr-haben-Wollen als ein Gesetz unserer Zeit ist eine Falle. Wer sich solchen Auffassungen verschreibt, wird nicht reicher, sondern ärmer. Der Mensch ist unendlich viel mehr! Er ist wie ein Baum, der sich nach oben zum Licht streckt und im Boden tief verwurzelt ist.

Auf beide Richtungen will das Steinbild des betenden Mönches (Mitte des 13. Jahrhunderts) über dem Eingang zur Kapelle des St.-Michaels-Hauses hinweisen. Vor der Zerstörung hatte sich dieses Relief, das aus den Trümmern geborgen werden konnte, unter der Dachtraufe des Chorquadrums befunden, wo heute noch vier weitere Figuren angebracht sind. An seiner neuen Stelle ist der betende Mönch, der mit seinem rund geschnittenen Haar und seiner Mönchskutte in die Nähe der Menschen gerückt ist, eine Einladung an die aus dem Lärm kommenden und hektisch vorübereilenden Zeitgenossen, das scheinbar Überflüssige in ihrem Leben nicht zu übersehen. Er bittet die Menschen, für Gott Zeit zu haben. „Zeit ist keine Schnellstraße zwischen Wiege und Grab, sondern Platz zum Parken an der Sonne" (Phil Bosmans). Der Mönch ist eingefügt in einen Dreipaß, seine Hände sind übereinandergelegt, sein Haupt ist leicht zur Seite geneigt. Wieder begegnet uns eine Abweichung von 14 °. Sollte es Erkanbert sein, der nach Fulda weist? Offensichtlich ist er in Stille und Gebet versunken. Er schaut mehr nach innen, in sich hinein, als nach außen. „Selig der Mann, der Freude hat an der Weisung des Herrn, über seine Weisung nachsinnt bei Tag und bei Nacht" (Ps 1,1f.). Dieses Überflüssige – wie auch die Blume, das Spiel und die Musik – ist das Notwendige, wenn wir Menschen bleiben wollen.

Betender Mönch (Mitte des 13. Jahrhunderts)

Da die Benediktiner in Minden ein Kloster hatten, ist anzunehmen, daß hier einer der Benediktinermönche, die sich besonders der Liturgie, der Meditation und dem Gebet verpflichtet wissen, dargestellt werden sollte. Auch das Skapulier (Schulterkleid), das als Tuchstreifen vorn und hinten über dem Gewand von den Benediktinern getragen wird, weist ihn als Mönch aus. Die Benediktiner haben in ihrer Ordensregel neben den drei evangelischen Räten noch ein viertes zu beachtendes Prinzip: die „stabilitas loci". Mit der Verpflichtung, sich an ein bestimmtes Kloster zu binden, wollte der Ordensgründer Benedikt seinen Mönchen sagen, sie müßten wie ein Baum mit einem Ort verbunden sein. Viele Menschen sind heute religiös ortlos geworden; sie jagen hin und her und können keine Wurzeln fassen. Darum mahnt der Benediktinermönch die Menschen, ihren Glauben nicht zu verlieren; denn nach dem Alten Testament bedeutet Glauben „sich festmachen in Gott" und dadurch Heimat finden.

So ist dieser in Stein gehauene Mönch eine liebevolle Mahnung, das Gebet, das viele Menschen für überflüssig und für Zeitverschwendung halten, nicht aus dem Leben zu verbannen. Das Gebet ist der Ernstfall des Glaubens. Tertullian sagt sogar das verwegene Wort: „Nur das Gebet kann Gott besiegen." Jeder, der zu Gott betet, erkennt Gott als Gott an. Wer im Gebet seinen Geist zu ihm erhebt, kann „sein ganzes Leben leben, seine ganze Liebe lieben und seinen ganzen Tod sterben" (Theresia von Ávila).

Säulengalerie im Westwerk

Im mittleren Teil des Westwerks, unterhalb des Dachreiters, befindet sich eine Aussichtsgalerie mit großen Bogenöffnungen nach Westen und Osten. Von hier aus hat der Besucher, der sich die Mühe macht, über die neue Treppenanlage nach oben zu steigen, einen weiten Rundblick auf die Stadt Minden und ihre Umgebung. Prof. Werner March, der nach dem Krieg von Berlin nach Minden verschlagen wurde, gestaltete den oberen Abschluß des Westwerkes neu, indem er die Lage der Säulengalerie um 35 cm erhöhte. Entsprechend der westlichen Anlage mit sieben Säulen, die beim Bombenangriff wegen des herrschenden Westwindes einigermaßen erhalten geblieben waren, schuf er auch eine auf der Ostseite mit Kapitellen, die Blattwerk und Tiere in zeitgemäßer Fassung beinhalten (Karl Ehlers, Detmold). So entstand im oberen Stock des Westwerks ein ansprechender, künstlerisch gestalteter Raum, der alte und neue Bauteile geschickt miteinander verbindet.

Blick auf Rathaus, St. Martini und St. Simeonis

In der Säulengalerie auf der Westseite mit romanischen Würfel- und Blattkapitellen (1150) ist eines besonders aussagestark. Aus dem Stein heraus wächst eine Hand, an deren Unterarm der Ansatz des Gewandes zu erkennen ist. Die Hand mit fünf Fingern ist nach oben gedreht, so daß der darüber liegende Stein in der geöffneten Hand ruht und von den Fingern umfaßt wird. Es entsteht der Eindruck, als ob die Hand das ganze darüber liegende Mauerwerk tragen würde.

Vielleicht hat der Steinmetz, der an dieser Stelle vor über 850 Jahren tätig war und dessen Name nicht bekannt ist, seine eigene Hand abgebildet, um für alle Zeiten festzuhalten, daß er diesen Teil des Domes miterbaut hat. Es ist aber auch zu fragen, ob er nicht eine generelle Aussage über die Hand des Menschen machen wollte. Vielleicht wollte er sagen, daß nicht nur der Dom, sondern die ganze Welt in der Hand des Menschen liegt. Gerade für unsere Zeit, in der der Griff nach den Sternen gelungen ist und verändernde Eingriffe in die Entstehungsgeschichte der Menschen möglich werden, wird diese Deutung relevant. Schon der Psalmist sagt zu der Herrschaft des Menschen über die Welt:

„Du hast ihn zum Herrn gemacht über das Werk deiner Hände;
alles hast du ihm unter die Füße gelegt" (Ps 8).

So sprechen Theologen heute von der hominisierten, ganz von Menschen gestalteten Welt. Die hominisierte ist aber noch nicht eine humanisierte Welt. Die Macht war immer eine Versuchung für die Menschen.

Es ist aber auch möglich, daß der Künstler die Hand Gottes darstellen wollte. Der Erbauer konnte nicht wissen, wie lange der Dom Bestand haben würde; auch für ihn war die Zukunft ungewiß. Der Bau mag noch so solide angelegt sein; immer gibt es Kräfte in der Welt, die ihn zerstören können. Niemand hat – trotz aller Absicherungen – sein Leben in der Hand. Die hier in Stein gehauene Hand steht für alles, was unser Leben unsicher macht. Für uns heutige Menschen, die wir schreckliche Erfahrungen mit Kriegen und Zerstörungen machen mußten, liegt es nahe, in dieser Hand ein Bild für Gott zu sehen. Oft wird in der Bibel von den Händen Gottes gesprochen: „Beugt euch unter die mächtige Hand Gottes, damit er euch erhöht, wenn die Zeit gekommen ist" (1 Petr 5,6); „die Hand des Herrn war mit ihm" (Lk 1,66); „meine Zeit steht in deinen Händen" (Ps 31,16); „Vater, in deine Hände empfehle ich meinen Geist" (Lk 23,46).

Hand in der Säulengalerie (1150)

Von ganz besonderer Bedeutung für den Glaubenden ist die Feststellung des Evangelisten: „Der Vater liebt den Sohn und hat alles in seine Hand gegeben" (Joh 3,35), und Jesus fügt hinzu: „Niemand wird sie meiner Hand entreißen" (Joh 10,28). Wegen dieser Worte dürfen wir uns über die Abbildung aus Stein im Westwerk freuen und zuversichtlich bekennen: In dieser starken Hand sind wir geborgen; sie trägt unser Leben.

Neues Glockengeläut

Der Aufstieg im umgebauten Westwerk (Werner Rösner) zum Glockenstuhl lohnt sich. Das neue Geläut (1994) des Domes besteht aus acht Glocken, die in der Glockengießerei Mark in Brockscheid/Eifel aus reinstem Material gegossen wurden. Vor der Zerstörung verfügte der Dom mit zehn Glocken über eines der umfangreichsten Geläute des Mittelalters; davon stammten neun Glocken aus dem 13. und 14. Jahrhundert. Die älteste Glocke hat über 700 Jahre im Westwerk gehangen. Das alte Geläut war von wunderschönem Klang. Um den Bezug zu diesem Geläut herzustellen, wurden die Aufschriften (Doris Richtzenhain) auf die neuen Glocken übernommen. Für die Gestaltung des Geläuts waren namhafte Künstler gewonnen worden, um durch ihre Arbeit der Nachwelt einen Querschnitt durch das künstlerische Schaffen unserer Zeit zu vermitteln.

Da die alten Glocken durch Kriegseinwirkung zerstört worden waren und der Friede auf der Welt die große Sehnsucht der Menschen ist, erhielt die schwerste Glocke (5 500 kg, Ton gis + 2) den Namen „Frieden-Christi". Sie wurde von Leopold Haffner gestaltet und trägt die Aufschrift: „Wir grüßen euch, Schwestern, die ihr am 28. März 1945 bei einem Luftangriff auf Minden durch Bomben vernichtet wurdet. Zur Erinnerung und Mahnung trage ich den Namen Frieden-Christi und rufe der Welt zu: ‚Suche Frieden und jage ihm nach' (1 Petr 3,11). Immer läute ich zum Ruhme Gottes und zum Heil der Menschen."

Der Mindener Dom ist ein Mariendom; darum ist die zweite Glocke – wie auch im alten Geläut – eine Marienglocke (2 350 kg, Ton cis' + 2). Diese Glocke wurde von Heinrich-Gerhard Bücker gestaltet und trägt die Aufschrift: „Heilige Maria, du bist mit uns unterwegs. Wenn ich erklinge, erinnere ich an dein Wort: ‚Was er euch sagt, das tut' (Joh 2,5)."

Der hl. Petrus ist Patron des Domes; deshalb ist die dritte Glocke, die von Johannes Halekotte gestaltet wurde, eine Petrusglocke (1 700 kg, Ton dis' + 2). Ihr Text lautet: „Heiliger Petrus, Patron dieses Domes, ‚stärke deine Brüder' (Lk 22,32) und beschütze dein Volk. Auf dem Felsen Petri erbaute Karl der Große die erste Mindener Kirche."

Auch der hl. Gorgonius ist Patron des Domes; so ist die vierte Glocke ihm geweiht (1 440 kg, Ton e' + 4). Diese Glocke ist ebenfalls von Leopold Haffner gestaltet worden. Sie trägt den Text: „Heiliger Gorgonius, Patron dieses Domes, bitte für uns. Gorgonius heiße ich, zu Gorgonius rufe ich."

Maria Magdalena durfte als erste dem auferstandenen Herrn begegnen. Dieses Ereignis, das einer Frau zuteil wurde, sollte in der Magdalenenglocke festgehalten werden (1 100 kg, Ton fis' + 4). Die von Jürgen Suberg gestaltete Glocke hat die Aufschrift: „Du, Maria von Magdala, durftest als erste dem Auferstandenen begegnen. Zu allen Zeiten will ich mit meinem Klang die Botschaft verkünden: ‚Er ist auferstanden' (Mt 28,6)."

Der erste Bischof von Minden war der Benediktinermönch Erkanbert (Herkumbert) aus Fulda. Die Herkumbertglocke (1 000 kg, Ton gis' + 4) wurde von Paul Reding gestaltet und trägt den Text: „Als erster von 60 Bischöfen des Bistums Minden rufe ich, Herkumbert, euch den Auftrag des Herrn zu, den ich selbst für die Sachsen erhalten habe: ‚Geht zu allen Völkern ... und tauft sie auf den Namen des Vaters und des Sohnes und des Heiligen Geistes' (Mt 28,19)."

Ein in unserer Zeit auch wegen seiner Liebe zur Schöpfung hochverehrter und im Fresko des Domes abgebildeter Heiliger ist Franziskus. Er hat der siebten Glocke den Namen gegeben (920 kg, Ton a' + 6), die von Walter Habdank mit der Aufschrift gestaltet wurde: „1993 Jahre nach der Geburt Christi wurde ich mit meinen sieben Schwestern geschaffen. Ich, Franziskus, mahne euch: ‚Lernt in Weisheit mit der Schöpfung leben'."

Die letzte Glocke (550 kg, Ton cis' + 5) ist der aus Minden stammenden sel. Pauline von Mallinckrodt gewidmet. Diese Glocke wurde von Schwester Erentrud Trost OSB mit der Aufschrift gestaltet: „Selige Pauline von Mallinckrodt, ich trage deinen Namen. Bitte für deine Geburtsstadt Minden."

Nun laden die Glocken die Gläubigen zu den Gottesdiensten ein. Sie mahnen die Menschen, sich nicht an die Welt zu verlieren, sondern sich immer wieder auf ihre ewige Bestimmung zu besinnen.

Pauline-von-Mallinckrodt-Glocke (1994) – Alle Texte auf den Glocken von Paul Jakobi

König und Bischof

Ein entscheidendes Element der gotischen Baukunst war die Verlagerung des Gewölbedruckes nach außen auf die Strebepfeiler. Auf der Südseite des Domes befinden sich vier, auf der Nordseite zwei dieser tragenden Bauteile, die durch vorgesetzte Tabernakel mit Figuren besonders geziert waren. Zwischen den Strebepfeilern befinden sich die hoch aufragenden Maßwerkfenster. Die Pfeiler haben am Boden bis zur Höhe des Fensteransatzes ihre größte Ausdehnung, so daß sich vor der nächsten, zurückspringenden Stufe eine Fläche bildet, die als Basis für die Tabernakel dienen konnte. Vor allen Strebepfeilern haben sich diese Tabernakel befunden, deren Säulen ihren Abschluß in Knospenkapitellen finden. Es sind nur halbe Tabernakel, weil sie sich rückseitig an die Wand anlehnen, ebenso die Fialen, die sich fünfseitig, pyramidenartig, mit Krabben besetzt, nach oben erstrecken und in einem Helm ihren Abschluß finden. Die Tabernakeldächer stehen auf Giebeln mit Spitzbögen, die an drei Seiten jeweils einen Dreipaß bilden. In allen Tabernakeln haben früher Figuren gestanden, von denen heute nur noch zwei erhalten sind: der König und der Bischof (um 1270); sie weisen manche Parallelen zu den Figuren an der Kathedrale von Reims auf.
Die Figur des Königs ist doppelt erhöht. Ein Hund liegt auf einem gewölbten Stein, der wie ein Kissen aussieht. Der Blick des Tieres ist nach Osten gerichtet, die Ohren hängen herunter. Die Beziehung dieses Hundes zum König, dem er als Trägerfigur dient, ist nicht bekannt. In der Ikonographie ist der Hund oft ein Symbol für Treue gewesen. Da dieser Hund nach Osten schaut, kann er den Glauben verkörpern, der auch den König beseelt. (Der Wasserspeier an der Nordseite des Domes muß wohl negativ gedeutet werden.)
Der den König umhüllende Mantel ist oben und unten von einer auffallenden Strenge, die durch das diagonal zur linken Hand geführte Mantelende in der Mitte des Körpers aufgelockert wird. Der rechte, frei liegende Arm hat ursprünglich ein Zepter getragen; der linke ist verhüllt. Die Hand – durch den Mantel besonders betont – hält den Reichsapfel.

Das jugendliche Haupt des Königs trägt eine Krone, unter der welliges Haar fast bis auf die Schultern fällt. Durch die hochgezogenen Mundwinkel wird ein Lächeln in seinem Gesicht erkennbar. Die ganze Gestalt ist majestätisch. Der König blickt in die Weite und ist bereit, sich den Stürmen der Welt zu stellen, um seiner weltlichen Aufgabe gerecht zu werden. Eine gewisse Ähnlichkeit dieses Königs mit der Ecclesia im Paradiesportal ist unübersehbar.
Der Bischof im anderen Tabernakel steht nicht auf einem Trägertier; sein Sockel ist niedriger, die Figur schmaler. Er trägt bischöfliche Kleidung: Albe und Kasel; sie sind von gleicher Strenge. Das Meßgewand erscheint äußerst schwer. Der rechte Arm, der die Kasel mit hält, ist zum Segen erhoben. In der linken trägt er den Bischofsstab. Die liturgische Kleidung wird am Hals mit einem Bändchen verziert. Das Haupt mit der Mitra ist ein wenig gesenkt und neigt sich dem Betrachter zu; das Gesicht ist gütig-ernst.
Es ist kein Zufall, daß der König neben dem Bischof steht. Sie verkörpern die weltliche und die geistliche Macht. Der eine ist kundig der Stürme, der andere kundig der Sterne (Reiner Kunze). Beide haben ihre speziellen Aufträge, deren verantwortungsbewußte Erfüllung ein humanes und friedliches Leben in der Welt sicherstellen soll.

Wasserspeier an der Nordseite des Domes

König (um 1270)

Bischof (um 1270)

Kreuzgang

Die meisten mittelalterlichen Klöster und Kathedralen verfügten über einen Kreuzgang. Dabei handelt es sich um einen Rundgang, der einen oft quadratischen Innenhof umschließt. Der Kreuzgang ist die Mitte klösterlichen Lebens, immer an der wärmeren Südwand der Kirche gelegen. Um den Kreuzgang gruppierten sich alle klösterlichen Räume, die der Ordensgemeinschaft dienten. Jeder Weg führte über den Kreuzgang: zur Kirche, zur Arbeit, zum Essen und zum Schlafen; er war ein verteilender Korridor. Gleichzeitig ist der Kreuzgang ein Ort der Besinnung und des Gebetes. Deshalb wurde er in der Regel besonders schön gestaltet. Als abgeschlossener Bezirk war er Klausur; Fremde hatten keinen Zutritt. Der Kreuzgang war überdacht, so daß die Mönche im Freien leben konnten. Weil er zur Außenwelt abgeschlossen war, konnten sie ungestört ihren Gebeten und Meditationen nachgehen. Das Licht fällt – wie in Minden – durch die Arkaden; eine niedrige Sockelmauer trennt den Gang vom Innenhof. Die Kapitelle waren oft reich geschmückt, die Gewölbe kunstvoll gestaltet, zuweilen auch mit kostbaren Schlußsteinen versehen. Häufig war in der Mitte des Innenhofes ein Brunnen.

Der Name „Kreuzgang" ist zunächst unverständlich, leuchtet aber sofort ein, wenn man das Leben der Mönche und die bauliche Anlage etwa des Kreuzganges am Mindener Dom betrachtet. Er besteht aus einem gedrungenen, schweren Kreuzgratgewölbe. Die Gewölbe wachsen ohne Wandvorlagen oder Konsolen aus den Seitenwänden heraus und bilden über den Gläubigen ein Kreuz. Unter diesem Kreuzgewölbe versammelten sich die Mönche zur Statio; von hier aus zogen sie in den Dom, um das Kreuzesopfer Jesu Christi zu feiern. Weil der Kreuzgang der Versammlungsraum für die

Kreuzgang (12. Jh.)

Gottesdienstteilnehmer war, stand auch das Prozessionskreuz in ihrer Mitte, das sie in die Kirche führte. Oft war an der Stirnseite des Kreuzgangs eine Kreuzigungsgruppe oder ein Kreuzbild – wie heute im Kreuzgang der St.-Mauritius-Kirche – aufgestellt, auf das die betende Gemeinde zuging. So versammelte man sich im Kreuzgang unter dem Kreuz, ging mit dem Kreuz und zog in einer Prozession zum Kreuz.

Alle diese Funktionen hatte auch der zu Meditation und Stille einladende Kreuzgang des Mindener Domes. Er stammt aus der ersten Hälfte des 12. Jahrhunderts und ist in seiner romanischen Gestalt Zeuge einer alten geistlichen Kultur. Der Kreuzhof mit seinem Brunnen und den Gräbern der letzten Pröpste des Domes ist einer der schönsten Innenräume Mindens. Durch seine Abgeschiedenheit vom Lärm der Stadt ist er auch heute noch eine Oase der Ruhe und des Gebetes. Zuweilen nutzt die Gemeinde den Kreuzgang für Prozessionen oder als Statio vor einem großen Gottesdienst. Immer haben die Feiern in der Osternacht hier ihren Anfang.

Um die mittelalterliche Tradition aufzugreifen, nach der die Bezeichnung „Kreuzgang" von einem dort aufgehängten Kreuz abzuleiten sei, sollte ursprünglich das Werk eines Hobbykünstlers im Kreuzgang angebracht werden (Josef Jostwerner, 1990). Das überlebensgroße Kruzifix stellt in der einen Hälfte den leidenden, angenagelten Christus, in der anderen einen grünenden, mit Blättern versehenen Baum dar. In einem Kreuz begegnet dem Betrachter der sterbende und auferstandene Christus; beide Hälften verbinden sich mit dem Todes- und dem Lebensbaum.

Beim Wiederaufbau des Domes und des St.-Michaels-Klosters konnte nachgewiesen werden, daß früher der Kreuzgang zweigeschossig war. Wahrscheinlich hat der kunstsinnige Bischof Sigward (1120-1140), der sich die herrliche romanische Kirche mit der theologisch so bedeutsamen Ausmalung in Idensen als Grabeskirche gebaut hatte, auch am Mindener Kreuzgang mitgewirkt.

Der meditative Kreuzgang des Mindener Domes richtet Fragen an uns: Ist nicht jedes menschliche Leben ein Kreuzgang – unter dem Kreuz, mit dem Kreuz, auf das Kreuz zu? Sind nicht alle unsere Kreuzgänge auch Oasen der Gottesbegegnung? Können wir ohne Räume der Ruhe und Stille Menschen bleiben?

Todes- und Lebensbaum (1990), Westseite des Domes

Vortragekreuz von Lioba Munz OSB (1987), Domschatzkammer

Domkloster – Domschule – St.-Michaels-Haus

Über die alten und bedeutenden mittelalterlichen Klöster der Benediktiner in St. Mauritius und der Dominikaner an der Brüderstraße wird heute wenig gesprochen. Das Kloster am Dom aber ist in der Bevölkerung bekannt und beliebt. Wahrscheinlich liegt die Bekanntheit in der langen Geschichte und der sozialen Ausrichtung des Hauses begründet. Der Domherr Tribbe hat um 1460 berichtet, schon Karl der Große habe „innerhalb des Königshofes die Fundamente eines Klosters gelegt“. Es war weniger ein Kloster (= claustrum – das Verschlossene) mit Mönchen, sondern eine Wohnung für die 20 bis 24 Domkapitulare, die in diesem Haus gemeinsam aßen, beteten und ein klosterähnliches Leben führten. Nach den Urkunden wird das Domkapitel 961 als monasterium bezeichnet. Bis ins 13. Jahrhundert hat sich die klösterliche vita communis erhalten. Im Jahre 1250 wird erstmalig berichtet, daß für die Domkapitulare eine eigene Domkurie gebaut wurde. Durch diesen Auszug der Geistlichen aus dem Domkloster konnte es sich nun einer anderen wichtigen Aufgabe widmen, die für das Bistum und die Kirche von großer Bedeutung war: der Erziehung und Bildung junger Menschen.

Von Anfang an war auch die ehemalige Domschule in den alten Klostergebäuden untergebracht. Zur Missionierung eines Landes gehörten immer auch die Bildung und Erziehung von Kindern und Jugend-

St.-Michaels-Haus

lichen, um auf dem Weg über eine geistliche „Elite" den Glauben zu verbreiten. 1173 wird in der Regierungszeit des Bischofs Anno (1170-1185) erstmalig eine schon lange bestehende Domschule erwähnt, die eine Gelehrtenschule war. Mehrere Mindener Bischöfe sind aus dieser Schule hervorgegangen: so Bischof Sigward (1120-1140), der die herrliche Kirche in Idensen mit den wertvollen und guterhaltenen Wandgemälden gebaut hat; Bischof Werner von Bückeburg (1153-1170), in dessen Zeit 1168 die Hochzeit Heinrichs des Löwen mit Mathilde, der Tochter Heinrichs II., des Königs von England, im Mindener Dom fällt. Unter dem kunstsinnigen Bischof Sigebert (1022-1036) sind wertvolle Buchmalereien entstanden, die auch mit der Domschule in Verbindung gebracht werden können.

Die Domschule ist die älteste Schule der Stadt Minden; sie ist die Keimzelle des Mindener Schul- und Bildungswesens. Nach Einführung der Reformation 1530 diente sie zunächst als höhere Schule. Als das Bistum Minden im Westfälischen Frieden 1648 aufgelöst wurde, war ein „rector scholae" dem Domkapitel, das noch bis 1811 bestand, verantwortlich.

Am 29. 9. 1864 hat die Stifterin der Armen-Schwestern vom hl. Franziskus, Franziska Schervier (1819-1876), die 1974 von Papst Paul VI. seliggesprochen wurde, die ersten Schwestern nach Minden gebracht. Drei Jahre später – 1867 – wurde das Haus mit Genehmigung des Bischofs von Paderborn, Conrad Martin, unter den Schutz des Erzengels Michael gestellt. Der franziskanische Geist der Ordensstifterin, deren ganzes Streben dem Dienst der Armen und Kranken galt, zog in das Haus ein und strahlte in die Stadt Minden hinaus. Die Schwestern widmeten sich armen Kindern im Kinderheim, das im Kloster eingerichtet wurde; 1904 kam ein Kindergarten hinzu. Die Ordensfrauen besuchten als Stadtschwestern die Kranken und Armen in ihren Häusern, pflegten verwundete Soldaten; 1950 wurde ein Altenheim eingerichtet, das sich bis heute größter Beliebtheit erfreut. Auch die Sorge um die Obdachlosen und Bedürftigen, die in den sogenannten „Johannisküchen" gespeist wurden, hat den Schwestern in der Mindener Bevölkerung hohes Ansehen verschafft.

Mögen Glaube und Liebe, zwei unzertrennliche Schwestern, in der Bevölkerung erhalten bleiben, damit auch die dritte Schwester – die Hoffnung – in der Zukunft leben kann!

Blick vom Kreuzhof auf das St. Michaels-Haus

Blick von der Pforte in den Kreuzgang

Buchstaben in Stein gemeißelt

Steinmetzzeichen

Der Apostel Paulus hat in einem seiner Briefe über den Dienst der Christen in der Gemeinde gesprochen. Zum Vergleich verwendet er das Bild von den Steinen, in die Buchstaben gemeißelt wurden (2 Kor 3,7). Wichtiger allerdings ist ihm „der Dienst des Geistes" (2 Kor 3,5), zu dem die Christen berufen sind, weil das Materielle vergeht.
An den Steinen des Mindener Domes haben die Steinmetzen zahlreiche Schriftzeichen angebracht, von denen viele heute noch gut zu erkennen sind. Von den insgesamt 47 verschiedenen Steinmetzzeichen befinden sich 24 im Langhaus (1267-1290) und 23 im Chorabschluß (1341). Es handelt sich um einfache geometrische Zeichen, Buchstaben oder schematisierte Darstellungen von Gegenständen. An spätgotischen Kirchen wurden die Zeichen zunehmend komplizierter und filigraner. Die Bedeutung der Steinmetzzeichen ist noch immer nicht ganz erforscht. Sicher ist, daß die Zeichen bei der Entlohnung der Steinmetzen eine Rolle gespielt haben; nach der Stückzahl der gearbeiteten Werksteine wurde abgerechnet. Es gab auch „Familien-Zeichen", wie etwa die der Parler-Baumeister. Oft wird die Meinung vertreten, man könne anhand der Zeichen den Weg der Steinmetzen verfolgen. So ist anzunehmen, daß die Steinmetzen von Paderborn über Herford nach Minden gezogen sind, weil an allen drei Kirchen dieselben Zeichen entdeckt wurden. Die Entfernungen waren gering, und auch die Bauzeiten lagen nicht weit auseinander. Am häufigsten treten die Zeichen an Wandblöcken auf, nicht aber an kunstvollen Werkstücken und Skulpturen.
Künstler, Steinmetzen und Handwerker arbeiteten beim Bau eines Domes in der Bauhütte zusammen. Sie kamen aus verschiedenen Ländern und waren eine Welt für sich mit eigener Gerichtsbarkeit. Ihr gemeinsames Leben spielte sich an einer Kathedrale oft mehrere Jahre ab. Fünf Jahre Lehrzeit und ein Jahr Wanderschaft waren Voraussetzung für die Aufnahme in eine Bauhütte. Ihre Erfahrungen blieben geheim. Die Arbeitsbedingungen waren hart, die Disziplin streng, die Löhne unterschiedlich, aber nicht hoch. Auch die Architekten begannen ihre Tätigkeit im Steinbruch; dort wollten sie lernen, mit dem Material umzugehen. Wer den Durchbruch zu einem fertigen, qualifizierten Architekten geschafft hatte, konnte viel Geld verdienen. Da auch die Architekten durch die Welt reisten, ist zu verstehen, daß beispielsweise Bauelemente der herrlichen Kathedrale von Reims nach Minden übertragen und hier sogar noch weiter vervollkommnet wurden.
Wer den Mindener Dom an der Südostseite sorgfältig von außen absucht, wird manches Steinmetzzeichen entdecken können. Sie alle sind Zeugen der Geschichte und persönlicher Ausdruck der Bauleute, die am Erstehen dieses Domes beteiligt waren. Diese Zeichen erinnern daran, daß Stein für Stein bearbeitet werden mußte – mit manchen Entbehrungen und ohne maschinelle Hilfsmittel.
Mit Bewunderung stehen wir vor dem großen Werk, das Architekten, Künstler, Steinmetzen und Handwerker vor über 700 Jahren geschaffen haben. Die Zeichen, die den Steinen eingemeißelt wurden, erinnern die Christen heute daran, den „lebendigen Steinen des geistigen Hauses" (1 Petr 2,5) ihren Stempel aufzudrücken.

Steinmetzzeichen (1267-1290, 1341)

Grundriß des Domes

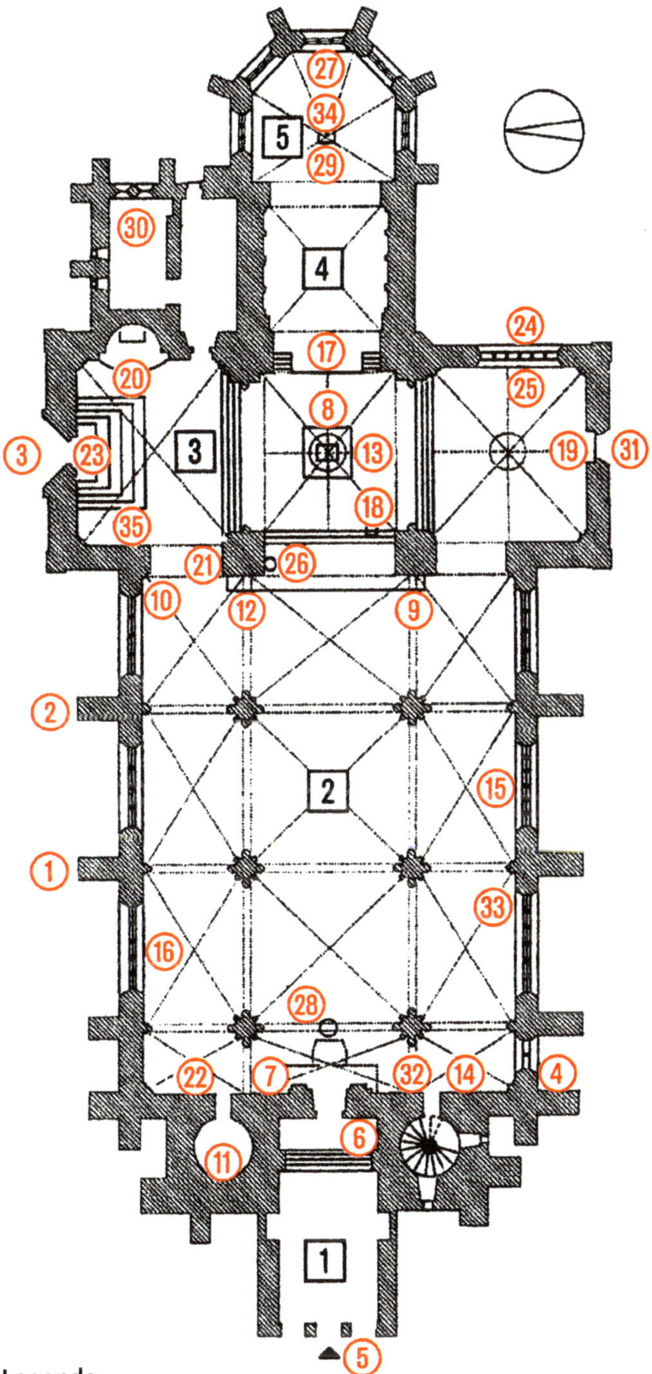

Legende

1 Vorhalle „Paradies", 1072
2 Langhaus, 1290
3 Querschiff, 1230
4 Chorquadrum, 1250
5 Chorpolygon, 1350

① Baldachin mit Bischofsfigur, 1270
② Baldachin mit Kaiserfigur, 1270
③ Bischofsportal mit Madonna, 1270, außen Kopie, innen Original
④ Jungfrauenportal, um 1270-1280
⑤ Außenportal, 1957
⑥ Innenportal, 952, mit Petrusfigur, 1300, und Steinfiguren der Ecclesia und Synagoge, 1270
⑦ Kaiserloge, 1150, und Orgel, 1996
⑧ Mindener Kreuz (Kopie), 1070
⑨ Marienfresko, 1290
⑩ Emerentiagruppe, 1520
⑪ Vesperbild, 1420
⑫ Traubenmadonna, 1450
⑬ Vierungsaltar, 1974
⑭ v.-Grapendorf-Epitaph, 1622
⑮ Altartafelbild, 1490
⑯ Kreuzweg, 1960
⑰ Chorschranke, 1994
⑱ Ambo, 1974
⑲ Apostelfries, 1260
⑳ Heilig-Geist-Altar, 1622
㉑ v.-Mallinckrodt-Epitaph, 1617
㉒ v.-Langen-Epitaph, 1628
㉓ Fensterrose, um 1300, Verglasung 1957
㉔ Mindener Heiligenfenster, um 1300, Verglasung 1957
㉕ Matthiasaltar, 1500
㉖ Sakramentshäuschen, teilw. 1290
㉗ Chorfenster, Verglasung 1957
㉘ Taufstein, 1957/1999
㉙ Choraltar, teilw. 1170
㉚ Anbetungskapelle, 1072/2004
㉛ Zugang zum Kreuzgang, 1140, und Kreuzhof
㉜ Zugang zur Westturmanlage, 952/1150
㉝ Madonnentorso, 1280
㉞ Goldene Tafel, 2002
㉟ Querhausorgel, 2001

Literatur

Horst Appuhn, Beiträge zur Geschichte des Herrschersitzes im Mittelalter, III. Teil: Der Stuhl im Dom zu Minden, Sonderdruck aus Band 56/57 der Aachener Kunstblätter, Aachen 1988/89

Joseph Ratzinger, Ein neues Lied für den Herrn, Herder, Freiburg 1995

Siegfried Kessemeier / Jochen Luckhardt, Dom und Domschatz in Minden, Karl Robert Langewiesche Nachfolger, Hans Köster, Königstein im Taunus

Festschrift „Die Domorgel zu Minden", hrsg. von der Dompropstei-Gemeinde, Minden 1996

Heinrich und Margarethe Schmidt, Die vergessene Bildersprache christlicher Kunst, Verlag C. H. Beck, München 1984

Aloys Butzkamm, Christliche Ikonographie, Zum Verstehen mittelalterlicher Kunst, Bonifatius-Verlag, Paderborn 1997

Joseph Sauer, Symbolik des Kirchengebäudes und seiner Ausstattung in der Auffassung des Mittelalters, Mehren und Hobbeling, Münster/Westfalen 1964

Hans Gelderblom, Die Grabungen und Funde im Mindener Dom, Verlag J. C. C. Bruns, Minden 1964

Festschrift zur Neuweihe des Domes zu Minden, hrsg. vom Dompfarramt in Gemeinschaft mit dem Dombauverein Minden, Druck: Bonifatius-Druckerei, Paderborn

Jürgen-Paulus Rösner, Karolingisch-Ottonische Stadtplanung, Beobachtungen u. Überlegungen eines stadtplanenden Architekten zu Leitideen historischer Stadtplanung am Beispiel Minden, Dissertation 2002

Hans Gerhard Meyer, Zur Datierung des sog. Thrones im Mindener Dom, in: Niederdeutsche Beiträge zur Kunstgeschichte, Band 23/1984, Sonderdruck, Deutscher Kunstverlag, München, Berlin

Hans Gelderblom, Der Kreuzgang am Dom zu Minden, Sonderveröffentlichung des Mindener Geschichts- und Museumsvereins, hrsg. von Dr. J. K. v. Schroeder, Druck: J. C. C. Bruns, Minden 1967

Hans Jürgen Brandt / Karl Hengst, Victrix Mindensis ecclesia. Die Mindener Bischöfe und Prälaten, Bonifatius-Verlag, Paderborn 1990

Wiltrud Mersmann, Rosenfenster und Himmelskreise, Mäander Kunstverlag, Mittenwald 1982

Painton Cowen, Gotische Rosenfenster, Herder, Freiburg 1979

Annette Fiebig, Das Hallenlanghaus des Mindener Domes – Neue Beobachtungen zu Datierung und architekturgeschichtlicher Stellung, in: Niederdeutsche Beiträge zur Kunstgeschichte, Band 30, 1991, Sonderdruck, Deutscher Kunstverlag, München

Bau- und Kunstdenkmäler von Westfalen, Band 50: Stadt Minden, hrsg. vom Landschaftsverband Westfalen-Lippe, Westfälisches Amt für Denkmalpflege, Teil II: Altstadt 1: Der Dombezirk, Teilband 1 + 2, bearbeitet von Roland Pieper und Ann-Beatriz Chadour-Sampson, unter Mitarbeit von Elke Treude, Klartext Verlag, Essen 1998

Paul Jakobi. Die neue Goldene Tafel im Dom zu Minden. Bonifatius-Druck, Paderborn 2002

Hartmut Krohm und Robert Suckale (Hg.), Die Goldene Tafel aus dem Mindener Dom, Bilderheft der Staatlichen Museen zu Berlin – Preußischer Kulturbesitz, Heft 73/74